Melanie Gräßer · Eike Hovermann
Familien-Chaos im Griff

Unter Mitarbeit von:

Aring-Pira, Nicole, AWO KiTa Bullerbü, Lippstadt
Bertrams, Sonja, Diplom-Psychologin, Erkelenz
Brüggeman, Kai, Diplom-Psychologe, Psychologische Beratungsstelle
    Gummersbach
Bürgel, Beate, Montessori-Kindergruppe, Reichelsheim
Dombrowski, Elke, Katholische Kita St. Wendel, Frankfurt
Dragon, Anja, Diplom-Sozialarbeiterin und Ernährungsberaterin, Brühl
Eigenbrodt, Bettina, Diplom-Psychologin, Psychologische Beratungsstelle
    Gummersbach
Gleißner, Ulrike, Diplom-Psychologin, Bonn
Halstenberg, Nina, Kita Osterbrook, Hamburg
Heringer, Verena, Diplom-Sozialpädagogin, Kita-Support, Duisburg
Hettche, Uta, Betreuungslehrkraft für Vorschule in der Deutschen
    Fernschule, Wetzlar
Jung, Cordula, Psychologische Psychotherapeutin, München
Jungbluth, Tanja, Familienzentrum der Bürgerinitiative
    Rund um St. Josef, Krefeld
Koutsandréou, Maja, Diplom-Psychologin, Bochum
Lemper-Pychlau, Marion, Diplom-Psychologin, Trainerin und Coach,
    Königstein
Meynen, Clara, Diplom-Psychologin, Berlin
Rahm, Jasmin, Ev. Kindergarten, Bad Dürheim
Reimer, Theo, Betriebswirt, Kinderinitiative Wasserturm, Lippstadt
Riege, Rebeccah, Erzieherin, Soest
Schicktanz, Leonore, Leiterin Familien Haus Kastanie, Berlin
Spiekermann, Birgit, Lokales Bündnis für Familien, Lippstadt
Streblow, Luitgard Maria, Diplom-Sozialpädagogin, Lippstadt
Thiel-Rieger, Melanie, AWO TfK, Diedenshausen
Uetrecht, Quenny, Integrationsfachkraft, Heilerziehungspflegerin,
    Kindergarten Isenstedt, Espelkamp

… und vielen weiteren Expertinnen und Experten.

Melanie Gräßer · Eike Hovermann

Familien-Chaos im Griff

Profitipps von Kindergarten-Erzieherinnen
für einen stressfreien Alltag

Der Ratgeber für Eltern
von 2- bis 6-jährigen Kindern

Empfohlen von der Akademie
für Kindergarten, Kita und Hort

Bibliografische Information der Deutschen Nationalbibliothek
Die Deutsche Nationalbibliothek verzeichnet diese Publikation in der Deutschen
Nationalbibliografie; detaillierte bibliografische Daten sind im Internet über
http://dnb.ddb.de abrufbar.

ISBN 978-3-86910-628-1 (Print)
ISBN 978-3-86910-729-5 (PDF)
ISBN 978-3-86910-728-8 (EPUB)

Die Autoren: Diplom-Psychologin Melanie Gräßer ist Psychotherapeutin mit eigener
Praxis in Lippstadt für Kinder, Jugendliche und Erwachsene. Eike Hovermann jun. ist
Gründer und Geschäftsführer der Akademie für Kindergarten, Kita und Hort.

Dieses Buch widmen wir Malte und Tina.

Originalausgabe

© 2013 humboldt
Eine Marke der Schlüterschen Verlagsgesellschaft mbH & Co. KG,
Hans-Böckler-Allee 7, 30173 Hannover
www.schluetersche.de
www.humboldt.de

Autoren und Verlag haben dieses Buch sorgfältig geprüft. Für eventuelle Fehler kann
dennoch keine Gewähr übernommen werden.
Wenn Sie trotz unserer Tipps mit einem Problem nicht weiterkommen, dann sprechen Sie mit Ihrem Kinderarzt, wenden Sie sich an eine Erziehungsberatungsstelle,
einen Kinder- und Jugendpsychotherapeuten oder Kinder- und Jugendpsychiater.
Die dort arbeitenden Menschen sind auf solche Probleme spezialisiert und dafür
ausgebildet, Ihnen und Ihrem Kind zu helfen – und sie tun dies in der Regel sehr
gern und gut!

Lektorat:	Nathalie Röseler, Dateiwerk GmbH, Pliening
Covergestaltung:	DSP Zeitgeist GmbH, Ettlingen
Coverfoto:	Mieke Dalle/Getty Images
Innengestaltung:	akuSatz Andrea Kunkel, Stuttgart
Satz:	PER Medien+Marketing GmbH, Braunschweig
Druck:	Grafisches Centrum Cuno GmbH & Co. KG, Calbe

Hergestellt in Deutschland.

Inhalt

Am Abend 131

Gute Nacht, mein Schatz 134

Handeln und Verhalten von Kindern (und Eltern)

Vorwort

Liebe Eltern, liebe Mütter, liebe Väter,

fast jedes Kind hat täglich neue Herausforderungen für seine Eltern parat und der Vorrat an neuen Ideen ist schier unerschöpflich. Als Eltern fragt man sich manchmal, wie man das alles schaffen und dabei das Familienchaos in den Griff bekommen soll. Da Sie nicht immer die eigenen Eltern um Rat bitten können oder möchten, liegt es auf der Hand, sich bei Experten zu erkundigen, die tagtäglich einen sehr guten Job mit Kindern machen.

In Deutschland gibt es viele sehr gute Erzieherinnen und Erzieher, die Eltern im Familienalltag mit Rat und Tat zur Seite stehen und praxiserprobte Tipps weitergeben. Es war uns ein Anliegen, ganz viele dieser Praxistipps zu sammeln, übersichtlich aufzubereiten und Ihnen als Eltern als „Experten-Nachschlagewerk für alle Fälle" zur Seite zur stellen. Verlassen Sie sich auf die zahlreichen Praxistipps von Deutschlands Experten, die wir sorgfältig ausgewählt und für Sie entsprechend dem Familientagesablauf zusammengestellt haben.

Dieses Buch ist aber nicht nur als Nachschlagewerk gedacht. Es kann auch eine inspirierende Quelle sein. Stöbern Sie einfach in den zahlreichen Tipps, lassen Sie sich anregen und probieren Sie dann das ein oder andere aus. Haben Sie zum Beispiel schon einmal einen Anziehwettbewerb mit Ihrem Kind veranstaltet oder Gemüsegesichter gebastelt? Sie werden überrascht sein, wie gut die praxiserprobten Ratschläge funktionieren.

Wir sind uns sicher, dass Sie und auch Ihre Kinder viel mehr Spaß haben und viel gelassener werden, wenn Sie einige Tipps unserer Experten beherzigen und praktisch umsetzen – und vielleicht stellen Sie dann fest, dass das Familienchaos sehr schnell der Vergangenheit angehört.

Wir wünschen Ihnen ganz viel Spaß und Erfolg bei der Umsetzung dieses Praxisratgebers.

Melanie Gräßer
Eike Hovermann jun.

Das ist uns wichtig

Auch wenn uns das tägliche Familienchaos oft fest im Griff hat, sollten wir nie vergessen: Die respektvolle Beziehung zum Kind ist das Wichtigste in der Erziehung. Oder anders gesagt: Veränderung beginnt bei uns Eltern.

Einen Grundgedanken bei der Begleitung und Erziehung von Kindern möchten wir Ihnen hier kurz vorstellen: Das Geheimnis einer gelungenen Eltern- und Paarbeziehung besteht darin, dass die Erwachsenen eigene Entwicklungen zulassen und offen sind für die Herausforderungen, vor die sie durch ihre Kinder gestellt werden. Schwierigkeiten und Probleme sollten nicht verdrängt, sondern als Motivation für Veränderungen angesehen werden, bei Bedarf mit fachlicher Begleitung oder Unterstützung, zum Beispiel durch den Besuch von Elternkursen oder die Nutzung von Beratungsangeboten.

Einige Pädagogen schlagen Eltern vor, mal die Perspektive zu wechseln: Erwachsene sollten interessiert und offen für die Botschaften ihrer Kinder sein und sich fragen, was sich hinter diesen Botschaften „versteckt". Das bedeutet, dass Eltern von ihren Kindern lernen können, sozusagen von ihnen „erzogen" werden. Meistens sind es wichtige soziale Grundbedürfnisse des Kindes, welche die Eltern übersehen – auch aus Unkenntnis. Kinder äußern sich nicht selten durch auffälliges – manchmal aggressives – Verhalten, das oftmals eine Reaktion des Kindes auf das Agieren des Erwachsenen ist.

Lassen Sie sich deshalb an dieser Stelle ermutigen, Ihre eigene Haltung zu überdenken. Finden Sie heraus, wie Sie die Bedürfnisse Ihres Kindes erkennen und feinfühlig darauf eingehen können. Sie können in Ihrer Familie oder Eltern-Kind-Beziehung nur etwas ändern, wenn Sie bei sich selbst beginnen!

Kinder wollen ihre Eltern „echt" und authentisch erleben, das heißt mit allen Gefühlen – und nicht mit „pädagogisch wertvollen", auch verkopften Reaktionen. Eltern vergessen manchmal, dass sie außer Vater und Mutter auch eigenständige Männer und Frauen sind, mit eigenen Gefühlen und Bedürfnissen, dass sie unabhängig von ihrer Rolle als Eltern existieren. Daher ist es sehr wichtig für Kinder, dass ihre Eltern ihnen ihre persönlichen Grenzen zeigen wie „Ich bin müde" oder „Das macht mich ärgerlich" oder auch „Ich will das nicht".

Und Kinder wollen ihre eigenen Gefühle wie Ärger, Wut, Angst, Enttäuschung, Traurigkeit zeigen dürfen, weil diese in dem Moment, in dem sie gezeigt werden, zu ihnen gehören. Sie wollen nicht so „behandelt" werden, als wären sie ein Objekt, mit dem man etwas macht.

Für eine warmherzige Erziehung ist es wichtig, dass die Erwachsenen eine Verantwortung übernehmen, die nicht mehr auf Macht basiert, sondern auf emotionaler Bindung und ihrer natürlichen Autorität, aufgrund ihrer Lebenserfahrung und menschlichen Reife sowie unter der Achtung der Würde des Kindes.

Manchen Eltern fällt es schwer, sich in die Welt ihres Kindes hineinzuversetzen. Sie gehen davon aus, dass Kinder „kleine Erwachsene" sind, und behandeln sie dementsprechend wie eine Freundin oder einen Kumpel. Auf diese Weise werden die Grenzen zwischen den Eltern und Kindern verwischt. Wenn die Erwachsenen nicht die nötige Verantwortung für sich und ihr Verhalten übernehmen, fehlen dem Kind die klare Orientierung und die Sicherheit als wichtiges soziales Grundbedürfnis. Zugleich kann dem Erwachsenen nicht die entsprechende Achtung entgegengebracht werden.

Elternschaft bedeutet immer eine bewusste oder unbewusste Auseinandersetzung mit der eigenen Elternrolle bzw. der eigenen Kindheit. Unsere Kinder wecken in uns unser eigenes „Kind" und mit ihm nicht erfüllte Bedürfnisse und alte Verletzungen. Ungelöste Konflikte mit den eigenen Eltern können die Kontaktaufnahme mit dem eigenen Kind belasten und somit einer warmherzigen Eltern-Kind-Beziehung entgegenstehen.

Ein Kind zu begleiten und zu erziehen ist die wunderbarste, aber zugleich wohl schwierigste Aufgabe der Welt. Dabei ist es ganz wichtig zu verinnerlichen, dass wir weder „perfekt" sein noch dem Anspruch der Gesellschaft oder unserem eigenen Ideal entsprechen müssen. Dass Eltern vor allem Menschen sind – mit ganz individuellen Begabungen und Begrenzungen und sehr persönlichen lebensgeschichtlichen Erfahrungen –, wird oft ausgeblendet. Aber genau das brauchen unsere Kinder: mitmenschlich handelnde, und das heißt zwangsläufig auch eben nicht perfekte, Vorbilder.

Guten Morgen

Herrlich, so ein Sonntagmorgen: Vater, Mutter, Kinder, alle sind ausgeschlafen und starten mit einem ausgiebigen Frühstück in einen schönen und abwechslungsreichen Familientag. Wenn doch nur jeder Tag ein Sonntag wäre! Leider hat uns am Montag der Alltag ganz schnell wieder ...

Wecken

Wenn Sie Glück haben, haben Sie ein Kind, das gerne auch mal etwas länger schläft. Was am Wochenende wunderbar ist, bedeutet unter der Woche meist puren Stress. Häufig müssen Eltern zu bestimmten Zeiten bei der Arbeit sein und somit das Kind auch pünktlich im Kindergarten abliefern. Wenn sie dann einen kleinen Langschläfer zu Hause haben, sind die Probleme schon programmiert.

Es gibt Kinder, die direkt wach und munter sind, wenn man sie weckt, und es gibt Kinder, die maulen und sich am liebsten wieder umdrehen würden, um weiterzuschlafen. Sollte Letzteres bei Ihnen der Fall sein, sollten Sie generell überlegen, ob Ihr Kind ausreichend Schlaf bekommt und ob es eventuell sinnvoll ist, es abends früher ins Bett zu bringen.

Tipp: Langsam in den Tag

Versuchen Sie Ihr Kind langsam aus dem Schlaf zu holen. Vielleicht kennen Sie das auch, dass Sie Herzrasen haben, Ihr Kreislauf verrücktspielt oder Sie sich erst einmal orientieren müssen, wenn Sie ganz abrupt aus dem Tiefschlaf gerissen werden. Ähnlich kann es Ihrem Kind auch ergehen. Führen Sie vielleicht ein Weckritual ein: Stehen Sie erst in Ruhe selber auf und nutzen Sie die Zeit alleine, um sich selber fertigzumachen und das Frühstück vorzubereiten. Öffnen Sie währenddessen die Kinderzimmertür, dann dringen schon die ersten Geräusche ins Kinderzimmer und das Unterbewusstsein kann sich auf das Aufstehen vorbereiten. Gehen Sie dann leise ins Kinderzimmer und öffnen Sie langsam die Jalousien, damit Licht ins Zimmer kommt und sich der Körper allmählich auf den Tagmodus einstellen kann. Jetzt ist der Zeitpunkt gekommen, an dem Sie Ihr Kind wecken sollten. Wahrscheinlich ist es schon halbwach, aber es braucht trotzdem die persönliche Ansprache, um vollends wach zu werden und gut in den Tag zu starten.

Es gibt Kinder, die die Verantwortung für das Aufstehen gerne selber übernehmen wollen. Diesen Kindern können Sie mit einem eigenen Wecker eine Freude machen.

Ich kann mich schon alleine anziehen

Dass Kinder sich selbst anziehen wollen, ist ein großer Schritt in der Kindesentwicklung. Leider kann dieser Entwicklungsschritt Sie als Eltern in den Wahnsinn treiben. Gerade morgens, wenn es schnell gehen soll, wenn Sie zu einer Feier eingeladen sind oder einen Arzttermin haben, geht der Kampf um das selbstständige Anziehen oder das Angezogenwerden erst richtig los.

Viele Eltern neigen dazu, die Sache schnell selbst in die Hand zu nehmen, und sagen etwas wie „Lass mich das eben machen" oder „Ich kann das schneller". Sie verfolgen damit keine schlechten Absichten, sondern möchten wahrscheinlich nur pünktlich zur Arbeit oder einem anderen wichtigen Termin erscheinen. Doch aufgepasst: Zum einen kann dieses Eingreifen zu einer handfesten Auseinandersetzung mit Ihrem Kind führen, die die Gesamtsituation nur verschlimmert, und zum anderen kommt bei Ihren Kindern vermutlich eine andere Botschaft an. Ihr Kind wird möglicherweise hinter dem Gesagten vermuten: „Mama traut mir das nicht zu" oder „Ich mache alles falsch".

Tipp 1: Zeit einplanen

Sie können die Situation entschärfen, indem Sie künftig mehr Zeit einplanen. Stehen Sie morgens etwas eher auf. So vermeiden Sie, dass Sie selbst unter Zeitdruck geraten und gestresst werden. Lassen Sie Ihrem Kind Zeit, es alleine zu probieren, und bieten Sie nicht direkt Hilfe an. Auch wenn es um Hilfe bittet, wenn es zu scheitern droht, greifen Sie nicht sofort ein, sondern versuchen Sie Mut zuzusprechen, es noch mal zu probieren. Freuen Sie sich mit Ihrem Kind, wenn es geschafft hat, sich selbst anzuziehen, und sagen Sie ihm, wie stolz Sie sind.

Tipp 2: Anziehwettbewerb

Kinder messen sich gerne spielerisch mit anderen. Versuchen Sie es morgens einmal mit einem „Anziehwettbewerb". Legen Sie im Vorfeld gemeinsam oder alleine die Kleidung Ihres Kindes raus, und auf Kommando ziehen Sie und Ihr Kind sich parallel an. Wer am schnellsten ist, hat gewonnen. Sie werden merken, dass Ihr Kind Gas gibt, und das Wissen über den eigenen Sieg wird der schönste Preis sein. Daher ist es ganz wichtig, dass es bei diesem „Spiel" auch einmal gewinnt.

Tipp 3: Anziehzeit stoppen

Damit Ihr Kind ein Gefühl für die Zeit bekommt, stoppen Sie einfach einmal die Anziehzeit, also vom Schlafanzug bis zur ausgehfertigen Montur. Runden Sie diese gemessene Zeit um zwei Minuten auf und stellen Sie am Morgen eine Eieruhr auf die Minutenzahl ein. So kann Ihr Kind selber am besten einschätzen, wie schnell es sich innerhalb der Zeit anzieht. Wenn es die Zeit gut einhält, dann sparen Sie nicht mit Lob! Überschreitet es die Zeit und ist nicht pünktlich am Frühstückstisch, ziehen Sie die „Mehrzeit" von der abendlichen Spielzeit ab oder stellen Sie Ihrem Kind den Wecker am nächsten Morgen die entsprechenden Minuten früher.

Das zieh ich nicht an!

Jeden Morgen das gleiche Theater: Nichts ist anstrengender als ein Kind, das sich morgens weigert, die von Ihnen herausgelegten Sachen anzuziehen. Besonders wenn Sie es eilig haben, kommen immer wieder Diskussionen über das Outfit auf.

Sie wollen wahrscheinlich, dass Ihr Kind ordentlich und den Witterungsverhältnissen angemessen gekleidet ist. Gehen Sie davon aus, dass ihm das völlig egal ist! Ihr Kind hat seine eigenen Vorstellungen und nur diese zählen bei der Kleiderwahl.

Tipp 1: Sachen abends rauslegen

Wählen Sie schon am Abend vorher gemeinsam mit Ihrem Kind das passende Outfit aus. Lassen Sie ihm die Freiheit, selbst zu entscheiden, was es tragen möchte. Geben Sie vor, ob die Kleidung für warmes oder kaltes Wetter geeignet sein muss, damit es nicht friert oder schwitzt. Tolerieren Sie ruhig mal, dass Ihr Kind im Winter im Sommerkleid mit dicker Wollstrumpfhose und Strickjacke aus dem Haus gehen möchte oder farblich überhaupt nicht zusammenpassende Kleidung auswählt. Ihr Kind ist ein Individuum und muss sich frei entfalten können. Es muss lernen, Verantwortung für sein Handeln zu tragen. Gerade bei der Kleiderwahl können Sie ihm diese eigene Entfaltung relativ gefahrlos überlassen. Außer komischen Kommentaren, die es eventuell für seine Kleiderwahl bekommt, kann kaum etwas passieren.

Tipp 2: Im Schlafanzug in den Kindergarten

Sollte es trotz allem morgens richtiges Theater geben und Ihr Kind sich nicht anziehen wollen, packen Sie ihm Kleidung in die Tasche und bringen Sie es im Pyjama in den Kindergarten. Sie werden sich wundern, wie viele Eltern das schon vor Ihnen getan haben und wie viele Eltern das nach Ihnen noch tun werden.

Den Tag besprechen

Genauso wichtig, wie den Tag abends zu reflektieren, ist es, den Tag morgens zu besprechen. Lassen Sie Ihr Kind morgens schon wissen, dass es heute zur Musikschule geht oder noch ein Termin beim Kinderarzt ansteht. Wenn Sie Ihr Kind morgens darüber unterrichten, kann es sich auf den weiteren Tagesverlauf einstimmen.

Ich gehe in den Kindergarten

Schneller als man gucken kann steht der erste Kindergartentag oder der erste Tag bei der Tagesmutter vor der Tür. Die Kleinen sind plötzlich schon ganz schön groß. Wichtig ist jetzt, sie so entspannt wie möglich auf die Zeit vorzubereiten und ihnen den Start damit zu erleichtern.

Die ersten Tage im Kindergarten

Mit gemischten Gefühlen fiebern Sie wahrscheinlich dem Start des Kindergartens entgegen. Sie haben Bedenken, ob Ihr Kind sich in der neuen Situation wohlfühlen wird, ob es mit der Eingewöhnung gut klappen wird und, und, und. Vertrauen Sie darauf, dass Erzieherinnen im Umgang mit Kindern geschult sind und dies meist schon jahrelang unter Beweis stellen. Versuchen Sie Ihr Kind positiv auf die Kindergartenzeit einzustimmen. Sollten sich Ihre Ängste auf Ihr Kind übertragen, wird es auch Ängste entwickeln und somit vermutlich einen recht schwierigen Start haben. Kinder schaffen es normalerweise ganz schnell, mit dieser Situation zurechtzukommen. Sie freuen sich darüber, mit anderen Kindern zusammenzusein und viele neue Spielsachen auszuprobieren.

Tipp 1: Nutzen Sie beide die Eingewöhnungsphase

In den meisten Kindergärten gibt es eine Eingewöhnungsphase – entweder vor dem regulären Start im Kindergarten oder zu Beginn des neuen Kindergartenjahres. Nutzen Sie diese und erkunden Sie gemeinsam mit Ihrem Kind die Gruppe und bei gutem Wetter das Außengelände. Versuchen Sie Ihr Kind zu motivieren, alleine auf Erkundungstour zu gehen. Vielleicht mag ein älteres Kind ihm die Puppenecke oder die Sandsachen zeigen. Nutzen Sie in dieser Zeit die Chance und unterhalten Sie sich kurz mit den Erzieherinnen, um einen ersten Eindruck von ihnen zu bekommen. Manchmal werden mehrere Eingewöhnungstermine angeboten. Bei dem zweiten Termin können Sie Ihr Kind kurz alleine lassen, wahrscheinlich findet es das ganz in Ordnung. Sie werden eher ein ungutes Gefühl im Bauch haben. Gehen Sie doch einfach in der Zeit kurz zum Bäcker und holen Kuchen, der später zu Hause als Belohnung gemeinsam gegessen wird. So haben Sie etwas zu tun und müssen nicht die ganze Zeit darüber nachdenken, was alles passieren könnte.

Tipp 2: Bringen Sie Ihr Kind mit anderen zusammen

Um Ihrem Kind den Einstieg in den Kindergarten zu erleichtern, können Sie es schon vorher an das Zusammensein mit anderen Kindern gewöhnen. Gehen Sie in eine Krabbelgruppe, zum Kinderturnen oder verabreden Sie sich mit anderen Müttern oder Vätern und ihren Kindern. In solchen Situationen erlernen Kinder die ersten Regeln des Miteinanders. Zum Beispiel, dass man beim Turnen kurz warten muss oder dass man beim Spiel mit anderen Kindern teilen muss.

Diese Erfahrungen können sich vorteilhaft auf die Zeit im Kindergarten auswirken.

Ein Kuscheltier gibt Sicherheit

In den ersten Tagen kann es Ihrem Kind helfen, einen kleinen Freund mit in den Kindergarten zu nehmen, der ihm Sicherheit gibt. Das kann ein Kuscheltier, Schnuffeltuch oder Ähnliches sein, das schon lange ein treuer Begleiter ist. Sprechen Sie dies auf jeden Fall mit den Erzieherinnen ab, da es in manchen Kindergärten nicht erlaubt ist, etwas von zu Hause mitzubringen.

Zu dem Thema, ob Spielzcug von zu Hause mit in den Kindergarten mitgebracht werden darf, gibt es in den meisten Kindergärten klare Regeln. Meist darf nichts oder nur zu bestimmten Anlässen oder nach Absprache mitgenommen werden. Zum einen hat es den Sinn, dass nichts im Kindergarten verloren geht oder zerstört wird und zum anderen gibt es in den Kindergärten ausreichend Spielsachen für die unterschiedlichen Interessen der Kinder.

Die Qual der Wahl

Wenn Sie Spielzeug mit in den Kindergarten geben dürfen, überlegen Sie vorher gemeinsam mit Ihrem Kind, welches Spielzeug sinnvoll ist. Suchen Sie am besten etwas aus, das keine kleinen Teile hat, die verloren gehen können, und nichts, was leicht kaputt gehen kann. Sollte Ihr Kind sich für ein Spielzeug entscheiden, das Geräusche macht, fragen Sie besser im Kindergarten nach, ob das erlaubt ist. Manche

Erzieherinnen sträuben sich bei diesen Spielsachen. Eine CD mit Musik oder Geschichten dagegen ist meist erlaubt.

Mit Teddy-Eskorte in den Kindergarten

Wenn sich Ihr Kind zu Hause noch nicht von seinem Teddy trennen kann, könnte er mit im Auto oder auf dem Fahrrad zum Kindergarten fahren, sich verabschieden, dann bei den Einkäufen helfen und pünktlich „zum Dienstschluss" Ihr Kind wieder am Kindergarten abholen.

Verabschieden im Kindergarten

Kennen Sie die Situation, dass Ihr Kind herzzerreißend weint und sich an Ihnen festklammert, wenn Sie es in den Kindergarten bringen? Wenn Sie Ihr Kind abgeben, fühlen Sie sich herzlos und befürchten, dass Ihr Kind den ganzen Tag weinend im Kindergarten verbringt. Wahrscheinlich entwickeln Sie Schuldgefühle und fragen sich, ob Ihr Sprössling einen bleibenden Schaden davonträgt.

Sie brauchen sich keine Sorgen machen! Ihr Kind beruhigt sich in der Regel nach ganz kurzer Zeit, und die Erzieherinnen sind darin geschult, mit solchen Situationen umzugehen. Sie schaffen es, Ihren kleinen Liebling schnell abzulenken. Seien Sie sich sicher, dass Sie angerufen werden, wenn Ihr Kind sich über einen längeren Zeitraum gar nicht mehr beruhigen ließe. Wundern Sie sich auch nicht, wenn Ihr Kind, nachdem es monatelang morgens ganz unkompliziert in den Kindergarten gegangen ist, plötzlich wieder anfängt, Theater zu machen. Kinder durchlaufen unterschiedliche Entwicklungsphasen, und da kann es durchaus vorkommen, dass sie sich unsicher fühlen und wieder anfangen zu klammern. Außerdem passiert es manchmal, dass die Kinder sich untereinander streiten und es deswegen zu einer Kindergartenunlust kommt. Sprechen Sie die Erzieherinnen an und fragen Sie, ob etwas Besonderes vorgefallen ist. Oder versuchen Sie, Ihr Kind zu ermutigen, es Ihnen zu erzählen.

Tipp: Lieber ein Abschied mit Schrecken ...

Auch wenn es herzlos klingt, versuchen Sie trotzdem, Ihr Kind schnell abzugeben. Wenn Ihr Kind wieder anfängt, sich weinend an Sie zu klammern, drücken Sie es noch einmal, sagen Sie ihm, dass Sie es lieb haben, wünschen Sie ihm viel Spaß im Kindergarten und übergeben Sie es einer Erzieherin. Ihr Kind wird dann wahrscheinlich noch mehr schreien und weinen. Gehen Sie trotzdem raus, ohne sich noch einmal umzudrehen, und holen Sie erst mal tief Luft. In dieser Situation werden Sie sich ganz schlecht fühlen. Denken Sie daran, es ist für eine kurze Zeit und die geht schnell vorbei.

Es gibt Eltern, die in diesen Situationen immer länger da bleiben, den Abschied hinauszögern oder ihr Kind wieder mit nach Hause nehmen. Machen Sie das bitte nicht. Mit diesem Verhalten signalisieren Sie Ihrem Kind, dass Sie selbst unsicher sind und den Erzieherinnen nicht zutrauen, sich angemessen zu kümmern. Diese Unsicherheit überträgt sich auf Ihr Kind und die Situation wird wahrscheinlich noch schlimmer.

Es ist gut, wenn Ihr Kind weint, wenn es sich von Ihnen trennen soll. Dies ist ein Zeichen dafür, dass es eine sichere Bindung zu Ihnen hat. Sie sind die geliebte Bindungsperson, von der es sich nicht trennen möchte. Verstehen Sie es so: „Das, was ich liebe, lasse ich doch nicht gehen!" Kinder mit einer sicheren Bindungsbeziehung entscheiden immer, wann ihre Bezugsperson gehen darf.

Trennungsängste bei Kindergartenkindern

Die Phase, in der Ihr Kind Trennungsängste erlebt, ist eine sehr wichtige in seiner Entwicklung und völlig normal.

Jedes Kind muss lernen, eine zeitliche Trennung von seinen Eltern zu ertragen. Auch für Sie als Eltern kann es schwer sein, sich von Ihrem Kind für eine gewisse Zeit zu verabschieden.

Sie möchten Ihr Kind zur Tagesmutter, in den Kindergarten oder zu den Großeltern bringen? Grundsätzlich spricht nichts dagegen, dass es von anderen Menschen eine gewisse Zeit betreut wird. Voraussetzung dafür ist, dass Ihr Kind dort kompetent, fürsorglich und herzlich behütet wird. Wichtig ist, dass der eingespielte Ablauf des Tages eingehalten wird und die für Ihr Kind Verantwortlichen nicht laufend wechseln.

Was passiert, wenn Sie Ihr Kind in den Kindergarten oder zur Tagesmutter bringen?

Einige Kinder fangen dann direkt an zu weinen und sträuben sich, dort zu bleiben. Merkt Ihr Kind, dass Sie gleich weggehen wollen und der Babysitter kommt? Sie wissen aus eigener Erfahrung, dass es zahlreiche Situationen gibt, in denen Ihr Kind Trennungsangst entwickelt.

Es ist kein Zufall, dass Trennungsängste bei Kindern vorkommen. Das liegt daran, dass Kinder Situationen noch nicht so gut beurteilen können und sich ihr Gefühl für Zeit erst mit den Jahren entwickelt. Ein paar Minuten – auch wenn es nur fünf sind – können Ihrem drei Jahre alten Kind wie Stunden vorkommen. Einen Zeitraum von beispielsweise drei Wochen kann ein Erstklässler noch nicht übersehen.

Es ist völlig normal, dass Ihr Kind Angst hat, dass Sie nicht wiederkommen oder Ihnen etwas zustoßen könnte. Diese Angst nennt man Verlustangst. Häufig haben Kinder solche Ängste, wenn in Ihrer Familie Stress vorliegt. Der Auslöser kann sein, dass Sie gerade umgezogen sind, Sie Probleme mit Ihrem Partner haben oder jemand aus der Familie krank ist. Wenn sich Eltern schuldig fühlen, Ihr Kind einem anderen Menschen zur Betreuung zu überlassen, kann diese Problematik ebenfalls auftreten. Geben Sie in dieser Situation nicht nach und machen Sie nicht den Fehler und gehen ohne Ihr Kind nicht mehr aus. Ihr Kind muss lernen, von Ihnen getrennt zu sein, ansonsten hält die Bindungsangst bzw. das Klammerverhalten Ihres Kindes an. Widerspricht Ihr Kind der Trennung und erhält dann mehr Fürsorge und liebevolle Zuwendung von Ihnen, dann belohnen Sie es unbeabsichtigt für sein Verhalten. So verschlimmern Sie die Situation und der Widerspruch Ihres Kindes wird zukünftig noch schlimmer.

So bereiten Sie Ihr Weggehen behutsam vor

- Ihr Kind muss auf den Tag, an dem Sie es das erste Mal zur Tagesmutter, in den Kindergarten oder zu den Großeltern bringen, gut von Ihnen vorbereitet werden.
- Sprechen Sie mit Ihrem Kind über die Tagesmutter, den Kindergarten oder die Großeltern und besuchen Sie vorher gemeinsam den Ort, an den Sie Ihr Kind demnächst bringen. Entfernen Sie sich bei dem Besuch nicht weit von Ihrem Kind. Es kann hilfreich sein, mehrere gemeinsame Besuche zu unternehmen, um Vertrauen zu schaffen.
- Setzen Sie Ihr Kind nicht unter Druck, gleich mit den anderen Kindern zu spielen.
- Laden Sie, wenn es möglich ist, vorher ein Kind aus dem Kindergarten zu sich nach Hause ein, so hat Ihr Kind einen Bezugspunkt in der Kindergartengruppe.
- Ganz wichtig ist, dass Sie Ihrem Kind an dem Tag, an dem Sie es abgeben werden, erklären, wohin Sie mit ihm gehen, wohin Sie dann gehen und vor allem, wann Sie wiederkommen. Ihr Kind versteht es besser, wenn es weiß, dass es zum Beispiel bis nach der Mittagspause im Kindergarten ist. Es kann sich dann ungefähr vorstellen, wie lange es dauert, bis Sie es abholen.
- Holen Sie Ihr Kind pünktlich ab, sonst kann es kein Vertrauen aufbauen und glaubt Ihren Worten nicht.

Für Ihr Kind ist es wichtig, dass der Ablauf, wenn Sie es im Kindergarten, bei der Tagesmutter oder bei den Großeltern abgeben, immer gleich ist, also eine Routine vorliegt. Wenn es diese Schritte verinnerlicht, kann es Ihnen schon aufzählen, was als Nächstes passiert. Wichtig ist, dass Sie sich nicht aus dem Raum schleichen, sondern Ihrem Kind sagen, dass Sie nun gehen.

Informationen für und von dem Betreuer Ihres Kindes

- Teilen Sie mit, wie und wo Sie im Notfall immer erreichbar sind.
- Erklären Sie die Schritte, wie Sie Abschied nehmen werden.
- Bitten Sie den Betreuer darauf zu achten, wie lange es dauert, bis sich Ihr Kind beruhigt, nachdem Sie gegangen sind.

Das Zusammenspiel zwischen Ihnen und dem Betreuer muss funktionieren. Arbeiten Sie Hand in Hand. Achten Sie darauf, dass Einvernehmen zwischen Ihnen und dem Betreuer besteht, wie auf Trennungsängste reagiert wird, wenn beide, das heißt Elternteil und Betreuer, anwesend sind. Beispielsweise sollte vorher abgestimmt werden, wer für die Durchführung des Abgebens und Abholens verantwortlich ist.

 ### Wenn Sie Ihr Kind abholen ...

- widmen Sie sich erst einmal nur Ihrem Kind.
- möchte Ihr Kind in den Arm und ist sehr klammernd, was anfangs ganz natürlich ist.

- fragen Sie, was es erlebt hat und womit es gespielt hat.
- fragen Sie den Betreuer nach besonderen Vorkommnissen.
- loben Sie Ihr Kind für seine Tapferkeit und belohnen Sie es, wenn Sie vorher eine Belohnung für bestimmte Schritte vereinbart haben.
- erzählen Sie Ihrem Kind, was Ihnen bei der Abgabe sehr viel Freude bereitet hat, zum Beispiel: „Louis, du hast heute früh die anderen Kinder so toll begrüßt."
- Hat es Probleme mit den vereinbarten Schritten gegeben, dann bekommt Ihr Kind heute keine Belohnung. Erklären Sie Ihrem Kind in ruhigen Worten die Vereinbarung. Sagen Sie beispielsweise: „Louis, du hast vergessen, dass du dich nicht an meinem Bein festhalten wolltest. Wenn ich morgen wieder mit dir spiele, bevor ich gehe, hältst du dich bitte nicht an meinem Bein fest, okay?"

Nach einiger Zeit wird Ihr Kind sich ganz ohne Probleme ruhig von Ihnen verabschieden und geht selbstverständlich auf andere Kinder zu. Ab diesem Zeitpunkt sind keine regelmäßigen Belohnungen und Wiederholungen der Schritte mehr nötig. Allerdings gelten die einzelnen Schritte künftig weiter. Die materiellen Belohnungen sollten nicht berechenbar für Ihr Kind sein. Wichtig ist, dass es nur noch hin und wieder belohnt wird. Belohnen Sie Ihr Kind dafür regelmäßig mit Worten, wenn sich Ihr Kind ganz ruhig von Ihnen verabschiedet hat.

Abholen aus dem Kindergarten

Will Ihr Kind manchmal auch nicht aus dem Kindergarten abgeholt werden? Oder möchte es überhaupt nicht mit nach Hause kommen? So ergeht es ganz vielen Eltern. Wahrscheinlich stören Sie gerade mitten im Spiel. Haben Sie jedoch einen bestimmten Grund, warum Sie Ihr Kind gerade jetzt abholen kommen, dann ist so ein Aufbegehren Ihres Kindes unheimlich nervenaufreibend. Wie man diesen Stress vermeiden kann? Wahrscheinlich gibt es dafür kein Allheilmittel, aber hilfreiche Tipps.

 ## So fällt Ihrem Kind der Abschied im Kindergarten leichter

- Klären Sie Ihr Kind, bevor es morgens in den Kindergarten geht, darüber auf, dass am Nachmittag ein wichtiger Termin ansteht, und dass es wichtig ist, pünktlich den Kindergarten zu verlassen. Sollte Ihr Kind dann schon anfangen zu maulen, können Sie es ja fragen, ob es am nächsten Tag – falls da nichts Wichtiges ansteht – länger bleiben möchte.

- Wichtig ist, dass Sie nicht auf den letzten Drücker in den Kindergarten kommen, um Ihr Kind abzuholen. Dann stehen Sie selbst schon unter Stress und dieser überträgt sich auf Ihr Kind. Besser ist es, wenn Sie mindestens 15 bis 20 Minuten vorher dort sind. Dann können Sie bei Ihrer Ankunft Ihr Kind darüber informieren, dass es noch fünf Minuten Zeit hat, das Spielen zu beenden, und dass es sich dann fertigmachen muss. So hat Ihr Kind die Möglichkeit, sich innerlich darauf vorzubereiten, und kann sein Spiel abschließen.

Konflikte mit den Erzieherinnen

Leider kann es dazu kommen, dass Sie oder Ihr Kind im Kindergarten Probleme mit den Erzieherinnen oder Erziehern haben. Das kann unterschiedliche Gründe haben, z. B. dass Sie grundlegend verschiedene Erziehungsvorstellungen haben oder dass Ihr Kind einfach nicht mit den Erziehern harmoniert.

Probleme sollten Sie direkt ansprechen. Oft können Sie Differenzen mit einem kurzen Gespräch aus der Welt räumen, manches basiert einfach auf Missverständnissen, die geklärt werden müssen. Erzieher sind auch nur Menschen und können mal einen Fehler machen.

Sollte sich keine Besserung einstellen, suchen Sie das Gespräch mit der Elternvertretung des Kindergartens oder mit der Kindergartenleitung und bitten Sie diese um Unterstützung. Wenn Sie das Gefühl haben, dass die Situation nach Gesprächen mit den Erziehern nicht besser wird, sollten Sie gemeinsam mit den Erziehern und der Kindergartenleitung überlegen, ob ein Wechsel in eine andere Gruppe oder in einen anderen Kindergarten sinnvoll ist.

Beachten Sie bitte, dass Sie nicht alles, was Ihr Kind zuhause erzählt, für bare Münze nehmen können, häufig übertreiben Kinder Dinge und überblicken noch nicht das Gesamtgeschehen. Wenn Ihr Kind beispielsweise erzählt, dass die Erzieherin „ganz doll" mit einem anderen Kind geschimpft habe, obwohl das „ganz lieb" war, dann könnte sich bei einer Rückfrage bei der Erzieherin herausstellen, dass das „ganz liebe" Kind mehrere Feuerzeuge in den Kindergarten mitgebracht hat und dass „ganz doll schimpfen" nur eine deutliche und laute Erklärung für alle Kinder in der Gruppe war.

Am Tag

Das Familienleben hält für alle immer wieder Überraschendes bereit. Oftmals ist es hektisch und chaotisch, das wirkt sich auf alle Familienmitglieder aus. Umso wichtiger ist es, Regeln für das Zusammenleben festzulegen, von denen alle gleichermaßen profitieren.

Werte – was Ihnen lieb und wichtig ist

Jeder Mensch hat gewisse Werte, die ihm wichtig sind, und diese möchte man auch gerne an seine eigenen Kinder weitergeben. Als Eltern sollten Sie erst einmal prüfen, ob diese noch zeitgemäß sind. Werte, nach denen Sie erzogen wurden, sind heute zum Teil nicht mehr aktuell, dafür sind vielleicht andere Werte wichtiger geworden.

 So vermitteln Sie eigene Werte

- Erklären Sie Ihrem Kind die Werte, die Sie ihm vermitteln wollen. Das kann sein, dass Sie ihm beibringen möchten, dass man anderen nicht wehtut. Erklären Sie ihm, dass der andere Schmerzen haben könnte und darunter leidet, wenn man ihn quält, und dass Ihr Kind bestimmt auch nicht möchte, dass man ihm wehtut.
- Erwarten Sie nichts, was Sie nicht auch selber befolgen. Wenn Sie also möchten, dass Ihr Kind Sie respektvoll

behandelt, behandeln Sie Ihr Kind auch mit dem nötigen Respekt. Wenn Sie möchten, dass Ihr Kind höflich zu anderen Menschen ist, seien auch Sie höflich zu anderen Menschen.

■ Sollte Ihr Kind immer wieder entgegen Ihren Werten handeln, versuchen Sie als Eltern das eigene Verhalten zu reflektieren. Halten Sie immer Ihre Versprechen, reagieren Sie in jeder Situation gelassen und höflich oder fluchen Sie doch einmal in Anwesenheit Ihres Kindes, zum Beispiel beim Autofahren, lautstark und in unangemessener Weise? Wahrscheinlich sind Sie als Eltern auch nicht immer perfekt, erwarten Sie also von Ihrem Kind auch keinen Perfektionismus!

Aufforderungen nachkommen

Sie kennen die Situation: Sie möchten, dass Ihr Kind einer Aufforderung nachkommt, doch Ihrem Sprössling gelingt es immer wieder, Sie mit „Ja, aber …" oder geschickten Themenwechseln in endlose Diskussionen zu verstricken. Das endet oft in handfesten Wutausbrüchen beim Kind und bei den Eltern.

 Mit diesen Tricks setzen Sie sich durch

■ Der Trick mit der „kaputten Schallplatte" kann Ihnen vielleicht weiterhelfen. Setzten Sie die „kaputte Schallplatte" möglichst früh ein, bevor Sie wütend werden. Formulieren Sie eine positive, klare und kurze Aufforderung. Zum Beispiel „Räum bitte deine Bauklötze in die rote Kiste". Negative Formulierungen wie „Du sollst nicht immer alles rumliegen lassen" helfen nicht weiter, da Ihr Kind dann nicht weiß, was es stattdessen tun soll. Die positive, klare und kurze Aufforderung wiederholen Sie dann ruhig, gelassen, aber bestimmt – eben wie eine Schallplatte mit Sprung. Lassen Sie sich dabei von Ihrem Kind nicht einladen, doch wieder auf andere Themen einzugehen oder neue Erklärungen abzugeben. Bleiben Sie ruhig, aber konsequent bei Ihrer Aufforderung. Ihr Kind wird bald lernen, dass es, sobald Sie die „kaputte Schallplatte" einsetzen, keine andere Möglichkeit mehr gibt und es mit allen anderen Tricks nicht mehr durchkommt. Diskussionen werden mit der „kaputten Schallplatte" für Ihr Kind langweilig. Übrigens: Die „kaputte Schallplatte" hat sich auch bei pubertierenden Teenagern bewährt.

■ Die „kaputte Schallplatte ohne Worte": Nachdem Sie Ihrem Kind einmal erklärt haben, was es tun soll, können Sie die „kaputte Schallplatte" auch ohne Worte anwenden. Zum Beispiel, indem Sie mit einer Geste oder einer Berührung Ihrem Kind sanft, aber bestimmt immer wieder verdeutlichen, was es tun soll. Geben Sie Ihrem Kind den Bauklotz immer wieder in die Hand und zeigen Sie auf die rote Kiste. Die „kaputte Schallplatte ohne Worte" hat sich auch bewährt, wenn Ihr Kind abends immer wieder aufsteht. Bringen Sie Ihr Kind sanft, aber entscheidend und völlig ohne Worte wieder und wieder ins Bett und decken Sie es behutsam zu.

Nein

„Nein", „nicht", „lass das" und „hör auf" sind Aussagen, die uns Erwachsenen leider ständig über die Lippen kommen, wenn wir mit Kindern reden. Zählen Sie selbst mal mit, wie häufig Sie am Tag im Umgang mit Ihren Kindern diese oder ähnliche Aussagen – hier „Abwertungen" genannt – benutzen. Und zählen Sie einmal, wie häufig Sie etwas Nettes zu Ihrem Kind sagen oder es loben. Das Ergebnis wird Sie wahrscheinlich erschrecken, denn Sie werden viel mehr Abwertungen benutzen, als dass Sie Ihr Kind loben.

Überlegen Sie mal, wie Sie sich fühlen würden, wenn Ihnen ständig jemand sagen würde, dass Sie etwas nicht richtig machen oder etwas nicht dürfen. Jeder kennt Situationen – sei es bei der Arbeit oder privat. Und jeder fühlt sich durch solche „Abwertungen" unwohl, in seiner Persönlichkeit beschränkt und nicht angenommen. Und genau so geht es Kindern.

Als Erwachsener ist man meist in der Lage zu reflektieren, warum man gerade eine solche Abwertung erleben musste, Kinder verstehen das aber häufig nicht und umso schlimmer wirkt sie sich auf sie aus. Kinder fühlen sich nicht angenommen, nicht akzeptiert und häufig nicht geliebt, wenn man sie ständig kritisiert. Das kann negative Auswirkungen auf die ganze Persönlichkeitsentwicklung haben.

Tipp: Formulieren Sie positiv

Was wünschen Sie von Ihrem Kind? Hier einige Beispiele für Sie:

- „Komm von der Steckdose weg!"
- „Schließ die Schublade wieder!"
- „Komm zu mir, damit wir gemeinsam ..."

Dies gilt übrigens ebenso für das Wort „nicht". Wenn Sie Ihrem Kind zurufen: „Lauf nicht auf die Straße", kommen diese Worte an: „laufen" und „Straße". Bestenfalls registriert Ihr Kind, was es nicht tun soll. Wenn Sie positiv formulieren, teilen Sie ihm gleichzeitig mit, welches Verhalten Sie erwarten: „Bleib bei mir stehen – oder bleib auf dem Bürgersteig."

Das positive Formulieren fällt uns oft nicht leicht, da wir selbst oft mit dem „Nein" und „Nicht" aufgewachsen sind. Für Sie ist das reine Trainingssache. Sie können sich hinsetzen und für bestimmte Formulierungen positive Aussagen aufschreiben:

negative Formulierung	entsprechende positive Aussage
„Lauf nicht durch die Pfütze."	„Lauf um die Pfütze herum!"
„Schmeiß das Glas nicht um."	„Achte auf das Glas!"
„Lauf nicht auf die Straße."	„Bleib bei mir am Auto stehen."

Regeln

Kinder brauchen Regeln. Regeln geben Sicherheit, auch wenn Sie als Eltern das Gefühl haben, dass Kinder gegen jede bestehende Regel rebellieren und versuchen, die Grenzen auszutesten.

Regeln sollten nur ein Grundgerüst sein und nicht für jede kleinste Sache aufgestellt werden. Außerdem sollten sie sinnvoll und verständlich sein. Stellen Sie keine Regeln auf, indem Sie sagen, dass das jetzt eben so ist, sondern erklären Sie, warum gerade diese eine Regel so wichtig ist, dass zum Beispiel eine Gefährdung besteht, wenn die Regel nicht befolgt wird.

Tipp 1: Stellen Sie gemeinsam mit Ihrem Kind Regeln auf

Ihr Kind hat Spaß daran, in wichtige Entscheidungen mit einbezogen zu werden, und fühlt sich ernst genommen.

Beispiel: Sie möchten nicht, dass Ihr Kind alleine die Haustür aufmacht, wenn es klingelt. Wahrscheinlich denkt es, dass Sie es nicht für groß genug halten. Erklären Sie den Grund, warum Sie nicht möchten, dass es alleine die Tür öffnet – weil Menschen klingeln könnten, die „vielleicht nicht nett sind". Erklären Sie ihm, warum Sie diese Leute nicht gerne in Ihre Wohnung lassen möchten. Und dass es nichts damit zu tun hat, dass Sie Ihrem Kind nicht zutrauen, die Tür zu öffnen. Fragen Sie jetzt Ihr Kind, warum es gerne die Tür aufmachen würde. Wahrscheinlich hofft Ihr Kind auf netten Besuch oder findet es einfach nur toll, „groß" zu sein. Sein

Wunsch ist verständlich und Ihre Befürchtungen sind Ihrem Kind jetzt vermutlich ebenfalls nachvollziehbarer. Versuchen Sie nun eine Einigung zu finden. Zum Beispiel könnte das sein, dass Ihr Kind, wenn Sie Besuch erwarten und somit wissen können, wer klingelt, die Tür alleine aufmachen darf. Und wenn es unerwartet an der Tür schellt, darf Ihr Kind nur gemeinsam mit Ihnen die Tür öffnen.

Sie werden merken, dass Ihr Kind gemeinsam aufgestellte Regeln viel eher befolgen wird. Vielleicht lassen Sie sich darauf ein, dass Ihr Kind mal eine Regel für Sie aufstellt – nach dem gleichen Prinzip. Ihr Kind wird dies mit Begeisterung tun und Sie werden besser die verschiedenen Bedürfnisse Ihres Kindes verstehen lernen.

Tipp 2: Bleiben Sie konsequent

Regeln sind sehr wichtig, ergeben aber nur dann Sinn, wenn sie auch eingehalten werden. Das heißt, Ihrem Kind muss immer klar sein, dass es bei einem Regelverstoß zu einer Konsequenz kommt. Führen Sie dies nicht wirklich entschlossen durch, wird es in Zukunft immer schwieriger, neue Regeln und deren Einhaltung durchzusetzen. Hierbei ist weniger mehr, nehmen Sie sich immer nur einen Bereich vor und arbeiten an der Einhaltung der Regel mit Durchführung der entsprechenden Konsequenz. So behalten Sie den Überblick und meist wird es mit der Zeit einfacher.

Spielplatzregeln

Kennen Sie die Situation, dass Sie mit Ihrem Kind auf den Spielplatz gehen, es einen Kindergartenfreund sieht, wegflitzt, aus Ihrem Sichtfeld verschwindet und Sie dann mit Herzrasen Ihr Kind suchen?

Für diese Fälle ist es wichtig, Spielplatzregeln aufzustellen. Wichtig ist es auch hier, das gemeinsam zu tun. Überlegen Sie sich eine Spielplatzsituation, zum Beispiel die oben beschriebene. Fragen Sie Ihr Kind, was für es selbst wichtig ist. Wahrscheinlich wird es sagen, dass es dann gerne mit seinem Freund spielen möchte. Das an sich ist ja nichts Schlimmes, und es ist wichtig für die Entwicklung, Freundschaften zu knüpfen und auch außerhalb des Kindergartens mit anderen Kindern zu spielen. Jetzt ist es an Ihnen, Ihrem Kind zu sagen, was Ihnen wichtig ist. Das könnte sein, dass es Bescheid sagt, bevor es zu seinem Freund flitzt, und dass es das Gelände des Spielplatzes nicht verlassen darf. An dieser Regel dürfte Ihr Kind nichts auszusetzen haben, da es nicht in seinem Interesse (Spiel mit den Freunden) eingeschränkt wird.

Sprechen Sie ab, dass Ihr Kind, wenn Sie es rufen, immer kommen soll. Erklären Sie ihm, dass das Rufen nicht immer heißt, dass Sie nach Hause gehen möchten, sondern dass Sie sich einfach nur vergewissern wollen, ob alles okay ist.

Wenn diese Regeln beschlossen sind, steht einem entspannten Besuch auf dem Spielplatz nichts mehr im Weg. Je älter Ihr Kind wird, desto weniger sind Sie auf dem Spielplatz gefordert, am besten nehmen Sie sich eine Zeitschrift mit oder verabreden sich mit anderen Eltern für einen Plausch. Und vor allem freuen Sie sich darüber, wie eigenständig Ihr Kind wird und dass es neue Freundschaften knüpft.

Fehler erklären

Stellen Sie sich vor, Ihr Kind ist einfach auf die Straße gelaufen und Sie schreien es vor Schreck an. Versetzen Sie sich in die Situation Ihres Kindes. Ihr Kind weiß oft nicht, was es falsch gemacht hat bzw. tut dies nicht mit Absicht. Wenn Ihnen das einmal passieren sollte, entschuldigen Sie sich bei Ihrem Kind und erklären Sie ihm Ihre Reaktion. Bei diesem Beispiel könnten Sie sagen: „Ich habe mich ganz doll erschrocken und dich deshalb so laut angeschrien. Es hätte dich ein Auto überfahren können, auf das du nicht geachtet hast. Aber das ist ja zum Glück noch mal gut gegangen."
Seien Sie bestimmend und erheben Sie Ihre Stimme, wenn Sie Ihr Kind nach einem Fehler ermahnen möchten. Aber vergessen Sie nie, Ihrem Kind zu erklären, was es gerade falsch gemacht hat und was das für Konsequenzen haben könnte.

Strafen

Im Familienleben geht es nicht ohne Regeln. Sie ordnen das Zusammenleben, dienen dem Schutz des Kindes, helfen bei der Bewältigung von Aufgaben und vieles mehr. Was tun Sie, wenn Ihr Kind eine wichtige Regel ignoriert und sich über Ge- und Verbote kurzerhand hinwegsetzt?
Die Versuchung ist groß, ein Kind für sein unangemessenes Verhalten zu bestrafen. Manchmal sind Strafen sehr effektiv, weil es sich anschließend auf die gewünschte Weise benimmt. Aber die Erwachsenen, die sich der Strafe als

Erziehungsmittel bedienen, übersehen dabei die schlimmen Folgen ihrer Strafaktion: Das Kind begehrt möglicherweise innerlich auf. Es reagiert trotzig und sagt dem Erwachsenen den Kampf an. Es empfindet Wut, Ablehnung und Empörung.

Manche Kinder neigen eher dazu, nachzugeben und sich anzupassen. Sie resignieren und unterwerfen sich dem mächtigen Erwachsenen. Sie werden ängstlich und passiv. Ihr Selbstwertgefühl leidet unter der wahrgenommenen Machtlosigkeit.

Strafen erzeugen keine Einsicht. Sie machen lediglich traurig, wütend, hilflos. In jedem Fall leidet die Eltern-Kind-Beziehung. Das Vertrauen wird zerstört. Strafen haben eine trennende Wirkung und entfremden Eltern und Kinder voneinander.

Elterliche Macht, die auf Strafe beruht, nimmt mit der Zeit natürlicherweise ab. Je älter und selbstständiger ein Kind wird, desto weniger Möglichkeiten finden die Eltern, es für unerwünschtes Verhalten zu bestrafen. Wer mit Strafen erzieht, ist irgendwann machtlos.

 ## Alternativen zu Strafen

Eltern können durchaus das Verhalten eines Kindes beeinflussen und zugleich die Nachteile einer Strafe vermeiden. Dazu gibt es verschiedene Möglichkeiten:

- Natürliche Autorität ist eine Autorität, die von der Person des Erwachsenen ausgeht und keiner Machtmittel bedarf. Erwachsene, die beispielsweise eine Forderung mit ruhiger Entschlossenheit stellen, werden von Kindern ernst genommen und brauchen sich nicht machtvoll durchzusetzen.

- Überzeugungsarbeit ermöglicht dem Kind Einsicht. Wenn Kinder einen Zusammenhang verstanden haben, verhalten sie sich ebenso klug wie Erwachsene.
- Ein Kind sollte verstehen, was es angerichtet hat. Es lernt auf diese Weise, Verantwortung für das eigene Verhalten zu übernehmen, denn es muss für die Folgen seines Handelns geradestehen.

Tipp: Niemals persönlich nehmen

Wenn Kinder unerwünschtes Verhalten zeigen, tun sie das, weil sie damit irgendeines ihrer Bedürfnisse befriedigen. Sie tun es für sich selbst. Darum sollten die Eltern regelwidriges Verhalten auf keinen Fall persönlich nehmen. Es ist lediglich Ausdruck eines kindlichen Bedürfnisses. Wenn man sich das klar macht, kann man leichter die Nerven behalten und lässt sich nicht so schnell zu unguten Reaktionen hinreißen.

Machtkämpfe

Sie als Eltern haben wahrscheinlich auch ab und an das Gefühl, dass Ihr Kind Sie tyrannisieren will. In der Regel entsteht dieses Gefühl nur aus einer normalen Reaktion auf unterschiedliche Meinungen. Sie haben wahrscheinlich ganz konkrete Erziehungsvorstellungen und stellen klare Regeln für das Zusammenleben auf. Kinder haben aber meist ganz andere Vorstellungen – und hier kommt es dann gerne zu

Konflikten. Beide Parteien versuchen mit aller Macht, ihre Vorstellungen durchzusetzen und geraten so aneinander.

Versuchen Sie gemeinsam mit Ihrem Kind Regeln aufzustellen, die für alle zufriedenstellend sind. Es muss in Familien nicht immer nur einen geben, der eigenständig alle Entscheidungen trifft. So fühlen sich Kinder in diesem Prozess einbezogen und werden aufgrund dessen die gemeinsam getroffenen Regeln eher einhalten. Beispiel: Sie erwarten, dass Ihr Kind jeden Abend sein Zimmer komplett aufräumt; bislang endet dies aber immer in einem Machtkampf. Im Gespräch mit Ihrem Kind stellt sich dann heraus, dass es damit überfordert ist, das Zimmer abends komplett aufzuräumen und dass es manche Dinge gerne für den Folgetag stehen lassen würde, um mit den Spielsachen weiterzuspielen. Gemeinsam stellen Sie aufgrund dieser Erkenntnis die Regel auf, dass das Zimmer einmal pro Woche zusammen mit Ihrer Hilfe gründlich aufgeräumt und gereinigt wird und dass Ihr Kind abends ein wenig aufräumt, sodass Sie und Ihr Kind unfallfrei zum Bett kommen.

Sie werden merken, dass Machtkämpfe sich nicht lohnen und es viel angenehmer ist, gemeinsam nach Lösungen zu suchen. Ihr Kind wird Ihnen für diese Beteiligung danken, indem es sich bemüht, die aufgestellten Regeln einzuhalten.

Tipp: Der Familienrat tagt

Überlegen Sie sich, welche Regeln Ihnen wichtig sind, besprechen Sie dies gemeinsam mit Ihrem Partner und rufen Sie dann einen „Familienrat" ein. Besprechen Sie die gemeinsamen Familienregeln und entsprechende Konsequenzen bei deren Nichteinhaltung. Hierbei ist es wichtig, dass es nicht nur Regeln für Ihr Kind gibt, sondern auch für Sie selber (z. B. dass Papa sich nicht morgens beim Frühstück hinter der Zeitung versteckt und auch den Tisch abräumt). Fixieren Sie die getroffenen Regeln schriftlich. Wenn Ihr Kind noch nicht Lesen und Schreiben kann, können Sie auch mit Bildern arbeiten, so sind die Regeln für jeden stets präsent und können besser abgerufen werden.

Ängste – wann ist was normal?

Kinder können vieles noch nicht mit ihrem Verstand erfassen und ängstigen sich daher deutlich mehr als Erwachsene. Für Kinder sind viele Ängste real, die für Eltern manchmal nur schwer nachvollziehbar sind.
Angst gehört zum Leben dazu, genau wie alle anderen Gefühle auch. Angst ist kein Makel und kein Fehler, sondern nützlicher Bestandteil des Lebens. Sie funktioniert wie ein Frühwarnsystem, wenn Ihr Kind sich in gefährlichen Situationen befindet. Wenn Kinder Angst verspüren, ist es deshalb wichtig, sie zuzulassen und zu vermitteln, dass das Gefühl normal und in Ordnung ist.

 So helfen Sie Ihrem Kind

■ Versuchen Sie sich einmal in Ihr ängstliches Kind hineinzuversetzen: Was würde Ihnen guttun, wenn Sie sich ängstigen oder sorgen? Sie würden sich wünschen, dass Ihnen jemand zuhört und Sie ernst nimmt. Wenn ein

Kind Angst hat, dann sucht es zuerst einmal die Sicherheit einer vertrauen Person, meist der Eltern. Erzählen Sie Ihrem Kind davon, dass Sie auch schon mal ähnliche Ängste hatten und diese erfolgreich besiegt haben.

■ Ein Kind, das Angst empfindet, braucht Ihre Nähe und Liebe, Körperkontakt und Vertrauen. In den Arm nehmen oder die Hand halten kann manchmal mehr bewirken als tausend Worte.

■ Bringen Sie Ihrem Kind eine schnelle Bewältigungsstrategie bei, mit deren Hilfe es in einer konkreten Angstsituation besser klarkommt. Hilfreich kann eine Atemtechnik sein: „Atme 20-mal tief ein und wieder aus!" Oder die Selbstgesprächstechnik: Das Kind sagt zu sich und seinem Körper Sätze wie „Das Zimmer ist nicht ganz dunkel und der Schatten wird mir nichts tun!", „Ich bin stark, ein furchtloser Indianer, und ich höre jetzt auf, Angst zu haben und zu zittern!" Üben Sie mit Ihrem Kind diese beiden Techniken mehrfach, bevor es sich der angsteinflößenden Situationen erneut stellt.

■ Helfen Sie Ihrem Kind dabei, sich seinen Ängsten zu stellen. Wenn Ihr Kind Angst vor Katzen hat, dann können Sie sich zum Beispiel gemeinsam Bilder von Katzen, Tigern und Löwen anschauen, eine Katze durchs Fenster beobachten, danach im selben Raum mit der Katze spielen und ganz viel später eine Katze streicheln. Loben Sie Ihr Kind auch hier immer wieder.

■ Ermutigen Sie Ihr Kind zu immer neuen Begegnungen und Situationen, in denen es sich immer wieder neuen Herausforderungen stellen kann. Auch dadurch wird es im Laufe der Zeit deutlich an Selbstvertrauen und Sicherheit gewinnen.

■ Falls die oben beschriebenen Methoden nicht erfolgreich sind und die Ängste Ihres Kindes länger anhalten oder sich gar verstärken sollten, nehmen Sie bitte professionelle Hilfe in Anspruch. Sprechen Sie zunächst mit Ihrem Kinderarzt und wenden sich gegebenenfalls an einen Kinderpsychotherapeuten.

Extratipp für Väter

Auch Sie und damit auch Ihre Söhne dürfen Angst haben. Sie müssen nicht immer den tapferen Indianer spielen, der keine Angst kennt!

Vom Hören und Zuhören ...

Eltern stehen oft vor einem Rätsel: Sie sagen etwas, doch das Kind macht nicht das, was sie wollen. Etwa beim Abendbrot: Das Kind hört einfach nicht, will z. B. nicht zum Essen kommen oder nur den Schokopudding oder das Eis essen. Abhilfe schaffen ritualisierte Tagesabläufe zu Hause: wer hilft mit beim Tischdecken und -abräumen, wo ist die Kakaotasse, wer sitzt wo – all dies hat seine Zeit und seinen Platz. Und alle machen mit, wenn gemeinsam am Familientisch zu Abend gegessen wird – statt Leon im Spielzimmer und Papa vorm PC im Arbeitszimmer. Wenn Sie wollen, dass Ihr Kind sich daran hält, gehen Sie selbst mit gutem Beispiel voran.

Doch wer will schon seinen Alltag voller Regeln packen – das Ganze will ja auch lebendig sein! Gemeinschaft entsteht, indem man sich gegenseitig Aufmerksamkeit schenkt, und durch gemeinsames Tun. Wenden Sie sich dem Kind freundlich zu, helfen Sie ihm beim Tischdecken und Brotschmieren – so wird daraus ein Gemeinschaftserlebnis. Und eine Gewohnheit. Erleben die Kinder am Tisch eine angenehme Stimmung, lernen sie die Familienregel wie von selbst. (Da es in den meisten Familien morgens sehr hektisch zugeht und beim Frühstück oftmals „improvisiert" werden muss, üben Sie dies Vorgehen besser beim entspannteren Abendessen ein!)

Auf den Tonfall kommt es an

Wie ergeht es uns in der Erwachsenenwelt – wenn der Polizist uns anhält und auf das Tempolimit hinweist? Oder wenn es um Auseinandersetzungen mit dem Finanzamt geht? Auch wir erwarten, dass wir mit Respekt angesprochen und unsere Rechte gesehen werden. Das ist bei kleinen Leuten nicht anders. Nach einem großen Ärger brauchen sie ihre Zeit und ihren Schonraum, um über den Frust hinwegzukommen, dass der Sturm auf die Ritterburg oder die ausgeflippte Kissenschlacht nun beendet werden muss. Lassen Sie Ihrem Kind Zeit, vielleicht möchte es für sich selbst eine eigene Beschäftigung finden. Oder machen Sie ihm ein Angebot, z. B. Ihnen bei etwas zu helfen.

Und wer gibt den Ton an?

Klar versuchen Kinder, die Grenzen auszuloten, die es bei Mama oder Papa gibt: „Nur noch fünf Minuten!" oder „Nur eine Kugel Eis!"

Man sollte sich einerseits als Eltern nicht gegenseitig in den Rücken fallen, wenn es hierzu bereits eine Ansage gibt. Besonders bei neuen Partnern oder neu zusammengesetzten Familien müssen die Werte und Regeln oft noch einmal besprochen werden. Hier sollten Sie sich nicht zu sehr an Idealen aufreiben wie etwa „Nur der leibliche Elternteil hat etwas zu sagen" – das ist im Alltag unrealistisch. Ebenso werden Sie nicht durch noch so gute Absprachen und Bemühungen verhindern, dass Ihnen später einmal die Sätze wie „Von dir lass ich mir gar nix sagen, du bist nicht mein richtiger Papa!" oder „Dann geh ich eben zu meiner Mama!" entgegengeschleudert werden können. Auch wenn Sie sich vorgenommen hatten, genau diese Situation zu verhindern – hier hilft nur ruhig Blut und tief durchatmen! Versuchen Sie dann, Ihrem Kind erneut Orientierung zu geben. Es geht darum, den Überblick zu behalten, sich nicht zu sehr von eigenen Gefühlen wie Ärger und Enttäuschung mitreißen lassen.

Zeigen Sie Ihrem Kind, dass Sie seinen Ärger verstehen, und nehmen Sie seine Worte in Situationen wie diesen nicht zu persönlich!

Stille Zeit und Auszeit

Wenn alle Stricke reißen und die Situation eskaliert ist, sollten Sie versuchen, Ihr Kind (und sich selbst) wieder zur Ruhe zu bringen. Setzen Sie die „Stille Zeit" und die „Auszeit" dabei als Hilfsmittel ein.

Tipp 1: Stille Zeit

Manche Eltern haben sehr gute Erfahrungen mit der „Stillen Zeit" gemacht. Sie wird immer dann eingesetzt, wenn auf die unerwünschte Handlung eines Kindes eine Konsequenz erfolgen sollte. Wichtig ist, dass Sie Ihrem Kind zuerst sagen, was es falsch gemacht hat, und ihm die Konsequenz daraus erklären. Zum Beispiel: „Fiona, du hast nicht darauf gehört, dass du ordentlich mit dem Puzzle umgehen sollst. Jetzt geh bitte für zwei Minuten in die Stille Zeit." Hierzu bringen Sie Ihr Kind je nach Alter an einen ruhigen Platz wie einen Stuhl oder anderen Platz im Raum, der ein wenig vom Spielbereich entfernt ist. **Nicht** in einen anderen Raum oder den Keller! Ihr Kind bekommt zusätzlich von Ihnen die genaue Ansage, was es nun tun soll, wie zum Beispiel: „Sei nun zwei Minuten still, bevor du wieder weiter spielen darfst." Beachten Sie Ihr Kind in dieser Zeit nicht. Aber loben Sie es, wenn es die Maßnahme erfolgreich hinter sich gebracht hat. Dann darf Ihr Kind weiter mit dem Puzzle spielen.

Tipp 2: Auszeit

Bei der Auszeit wird das Kind von dem aktuellen Ort des Geschehens zu einem anderen Ort gebracht und dort für eine kurze Zeit „geparkt". Dabei sollte es sich um maximal fünf Minuten handeln! Ist Ihr Kind erfolgreich ruhig gewesen, darf es mit seiner Tätigkeit weiter machen. Loben Sie Ihr Kind, wenn es ruhig gewesen ist.

Bei Kindern über zwei Jahre können Sie nach der Stillen Zeit nicht übergangslos die Auszeit anwenden. Hierfür muss Ihr Kind wieder wissen, was es falsch gemacht hat und welche Konsequenz das hat. Erklären Sie ihm z. B.: „Du warst in der Stillen Zeit nicht ruhig, deshalb musst du nun in die Auszeit gehen." Hierfür muss Ihr Kind aus dem Geschehen raus und an einen anderen hellen, sicheren, aber uninteressanten Platz im Raum oder Nachbarraum (hierbei lassen Sie die Tür offen) gehen, um dort eine Minute ruhig zu sein. Ihr Kind muss auch hier wissen, dass es erst eine Minute ruhig sein muss, bevor es wiederkommen darf. Seien Sie konsequent, auch wenn Ihr Kind wütend ist und protestiert.

Dieser Tipp ist kein Allheilmittel für alle Erziehungsprobleme! Beachten Sie bitte, dass Sie Ihr Kind auf keinen Fall alleine lassen, es geht einzig darum, dass sein unerwünschtes Verhalten unterbrochen und das Kind aus der Situation herausgenommen wird, sodass es versteht, dass das, was es getan hat, nicht in Ordnung ist. Wenn Sie Ihr Kind aus der Situation herausnehmen, achten Sie dabei genau darauf, dass Sie nicht durch böse Blicke oder negative Kommentare oder Schimpfen vermitteln, dass es nicht erwünscht ist. Es sollte ihm durch die Handlung klar werden, dass es nur aus dem aktuellen Geschehen herausgenommen wurde, um zur Ruhe zu kommen und anschließend wieder gern dabei sein kann. Anschließend ist es ganz wichtig, dass Sie Ihr Kind bei der

Einhaltung loben und ihm Ihre volle Aufmerksamkeit schenken, damit es merkt, welches Verhalten erwünscht ist und dieses in Zukunft wiederholt, um erneut Ihre Aufmerksamkeit und Ihr Lob zu bekommen. Das heißt auch, dass Sie auf gar keinen Fall nachtragend sein dürfen. Versuchen Sie insgesamt, wünschenswertes Verhalten durch Motivation und Lob in die richtigen Bahnen zu lenken, statt es später durch negative Konsequenzen wieder zu korrigieren.

Förderung – Überforderung

Die meisten Eltern denken, dass sie ihre Kinder auf alle erdenklichen Arten fördern müssten, damit sie in der heutigen Gesellschaft überleben können. Der Grat zwischen Fördern und Überfordern ist nur ein schmaler, und man muss darauf achten, was für das eigene Kind gut ist.

Im Gespräch mit anderen Eltern haben Sie wahrscheinlich gemerkt, dass andere Kinder etwas können, was Ihr Kind im selben Alter noch nicht kann. Bestimmt haben Sie sich dann gefragt, warum das so ist und wie Sie es schaffen, dass Ihr Kind das lernt. Das ist ein Elterndenkfehler! Jedes Kind entwickelt sich unterschiedlich. Das eine ist in der Entwicklung der Motorik etwas schneller als das andere und wieder ein anderes ist in der Sprachentwicklung etwas fixer. Das ist gut so! Geben Sie Ihrem Kind die Zeit, die es braucht. Man kann nicht in allen Bereichen ein Überflieger sein. Und vor allem: Stressen Sie Ihr Kind nicht damit, etwas können zu müssen, nur weil andere Kinder in seinem Alter das schon können.

Tipp: Fördern Sie, überfordern Sie aber nicht

Wenn Ihr Kind Interesse an etwas Neuem hat, dann geben Sie ihm die Chance, sich in diesem Bereich auszuprobieren und weiterzuentwickeln. Das heißt, wenn Ihr Kind mit einem Mal Interesse an Zahlen und am Rechnen hat, beantworten Sie ihm seine Fragen und stellen Sie ihm, wenn es das einfordert, leichte Rechenaufgaben. Irgendwann kann es sein, dass von einem Tag auf den anderen das Interesse wieder vorbei ist. Dann belassen Sie es dabei und bitten Sie es nicht, weiter mit Ihnen zu „üben". Gerade im Kleinkindalter bestimmt Ihr Kind noch das Tempo, und Sie überfordern es, wenn Sie ihm vorgeben, wann es was zu lernen hat.

Probleme sind da, um sie zu lösen

Im Laufe der Erziehung Ihres Kindes werden Sie gefühlt auf 1000 Probleme stoßen. Versuchen Sie diese als Herausforderungen anzusehen, die Sie gemeinsam mit Ihrem Partner und Ihrem Kind lösen werden. In der Gemeinschaft lassen sich diese Herausforderungen am besten lösen.

 ### So finden Sie Lösungen für Probleme

- Seien Sie Vorreiter und lassen Sie Ihr Kind an Ihren Problemen teilhaben.
- Erklären Sie, dass man ein großes Problem nicht auf einmal, sondern in kleinen Teilschritten lösen kann. Versuchen Sie diese kleinen Teilschritte ebenfalls gemeinsam mit der gesamten Familie zu erarbeiten.

- Diskutieren Sie offen in der Familie ein Ereignis oder Problem. Starten Sie erst mit schönen Kleinigkeiten wie dem nächsten Urlaubsort.
- Fordern Sie Ihr Kind auf, sich an der Problemlösung zu beteiligen.
- Äußert sich Ihr Kind mit einer eigenen Meinung zu Ihrem Problem, dann machen Sie anspornende Anmerkungen, wie: „Das ist schon mal ein guter Vorschlag. Hast du noch mehr Ideen?"

So fördern Sie das Selbstwertgefühl und die damit verbundene Problemlösefähigkeit Ihres Kindes

1. Sagen und zeigen Sie Ihrem Kind, dass es Ihnen wichtig ist.
2. Vergessen Sie nie, Ihr Kind auch für Bemühungen und Erfolge zu loben.
3. Bestärken Sie Ihr Kind, sich selbst Ziele zu setzen, Angelegenheiten für sich selbst zu erledigen und das Ergebnis zu bewerten.
4. Spornen Sie Ihr Kind an, seine eigenen Ideen zu äußern und Entscheidungen zu treffen.
5. Seien Sie Ihrem Kind behilflich, mit seinen Empfindungen und Gefühlen umzugehen, realistisch zu denken und optimistisch zu sein.
6. Leiten Sie Ihr Kind an, Probleme selbstständig zu lösen.

Spielen – verlieren lernen und schummeln

Kinder finden es toll zu gewinnen, dadurch fühlen sie sich groß und selbstsicher. Aber wie im richtigen Leben kann man nicht immer der Gewinner sein. Vielleicht hatten Sie schon einmal ein weinendes Kind zu Hause, das im Spiel nicht gewonnen hat? Das gehört leider mit zum Älterwerden. Es ist ganz wichtig, dass Sie Ihr Kind nicht extra gewinnen lassen, nur um Konflikte zu vermeiden. Natürlich ist das schwierig, weil Sie Ihr Kind ungern leiden sehen wollen. Es ist jedoch für die gesamte Entwicklung wichtig, dass Ihr Kind lernt, mit Niederlagen umzugehen. Wenn Sie es zu Hause immer gewinnen lassen, wie soll es dann später im Umgang mit anderen Kindern akzeptieren, mal nicht der Gewinner zu sein?

Tipp: So helfen Sie Ihrem Kind, verlieren zu lernen

Sie können auch einmal einen Wutanfall bekommen, wenn Sie im Spiel verloren haben. Täuschen Sie vor, zu weinen und sich ganz stark zu ärgern. Wahrscheinlich wird Ihr Kind in dieser Situation anfangen, Sie zu trösten, und Sie dann in der nächsten Runde gewinnen lassen. Erklären Sie, dass es normal ist, dass man sich ärgert, wenn man nicht gewonnen hat. Und dass es stattdessen viel schöner ist, wenn man sich für andere über deren Gewinn freuen kann.

Lassen Sie Ihr Kind nicht bei Spielen schummeln – Eltern schauen gerne weg, wenn Kinder zum Beispiel bei Brettspielen mehr Schritte machen als erlaubt. Wenn Ihr Kind schummeln darf, bekommt es das Gefühl, dass für ihn eigene Regeln gelten, was nicht der Fall sein sollte. Es muss lernen, sich an die Spielregeln zu halten.

Je häufiger und regelmäßiger Sie mit Ihrem Kind spielen, desto häufiger gewinnt und verliert es. Es wird von alleine feststellen, dass beides zum Leben dazugehört. Und vergessen Sie auch hier nicht, Ihr Kind zu loben, wenn es gewonnen hat – und wenn es verloren hat und das Spielbrett stehenbleibt.

Oje, es regnet

Natürlich kann man bei jedem Wetter nach draußen gehen, und gerade wenn es regnet und nicht zu kalt ist, haben Kinder eine Menge Spaß daran, stundenlang durch die Pfützen zu springen oder im Matsch zu buddeln.

 Tipps für Regenwetter

- Eltern, denen es zu nass ist, können einen Ausflug in den Wald machen, da kann man auch im Regen relativ geschützt eine Menge erleben. Man kann Waldtiere entdecken, vielleicht findet man sogar einen Ameisenhügel und kann sich den genauer anschauen. Im Wald kann aus abgebrochenen Ästen eine Höhle gebaut werden und man kann Hexe oder Räuber spielen. Den Spielmöglichkeiten sind keine Grenzen gesetzt.
- Den meisten Eltern ist es im Regen einfach zu ungemütlich, und das ist auch in Ordnung so. Außerdem gibt es

auch im Haus viele Aktivitäten: Machen Sie einen Piraten-, Räuber- oder Prinzessinnentag mit Ihrem Kind. Dafür können Sie im Kinderzimmer oder in einem anderen Zimmer aus Matratzen, Kisten, Decken etc. ein Schiff, eine Höhle oder ein Schloss bauen. Da werden dann alle notwendigen Dinge (Getränke, Snacks, Spielsachen etc.) reingelegt. Jetzt müssen Sie sich noch passend zu dem Thema verkleiden, und schon steht einem tollen Spiel nichts mehr im Wege.

- Bauen Sie aus alten Kartons ein Raumschiff, einen Roboter oder Ähnliches. Überlegen Sie gemeinsam, was Sie bauen wollen, zeichnen Sie alles auf, schneiden Sie es aus und bemalen oder bekleben Sie alles. Mit dem fertigen Produkt könne Sie gemeinsam – oder auch Ihr Kind alleine – dann fleißig spielen.

Sie werden merken, dass Ihr Kind eine Menge Spaß an einer solchen Aktion hat. Es ist egal, ob gutes oder schlechtes Wetter ist, wichtig ist Ihrem Kind nur eines – nämlich Zeit mit Ihnen zu verbringen!

Alternative Regenwettertipps

Alternativ gibt es folgende schöne Ideen: Schauen Sie, was die Museen anbieten (häufig gibt es ein tolles Kinderprogramm). Welcher Kinderfilm läuft im Kino? Oder waren Sie schon einmal bei Regen im Zoo und haben die überdachten Erlebniswelten mit Terrarien und Aquarien zusammen erkundet? Schöne Alternativen sind auch das Puppentheater oder Kletterhallen. In vielen größeren Städten gibt es extra

Kindermagazine mit tollen Ideen und Angeboten, diese stehen oftmals auch im Veranstaltungsteil der Tageszeitung.

Wie sieht's denn hier aus? – Aufräumen

Es sieht aus, als hätte eine Bombe eingeschlagen, doch das Kind findet die Unordnung völlig in Ordnung. Ein leidiges Thema für Eltern und Kinder: Zimmer aufräumen. In vielen Familien ist das eine typische Situation, die schnell zu einem Machtkampf eskaliert, der für alle Beteiligten anstrengend und frustrierend ist. Außerdem ist es eine Situation, die sich regelmäßig wiederholt – umso wichtiger ist es, ein für alle tragbares Vorgehen zu finden.

Tipp 1: Aufmerksamkeit sichern

Sorgen Sie dafür, dass Ihr Kind Ihnen zuhört. Wenn es zum Beispiel gerade vertieft spielt, wird es um sich herum nichts mitbekommen – auch wenn es „Ja, ja" sagt. Ihr Kind kann Sie in diesem Moment nicht hören! Gehen Sie also zu ihm hin, sprechen Sie es an, sorgen Sie für Blickkontakt und geben Sie eine kurze, klare Information. Vermeiden Sie lange Erklärungen und Fragen wie: „Meinst du nicht, es wäre mal an der Zeit, aufzuräumen?" (Nein, das meint Ihr Kind nicht!) Vermeiden Sie es außerdem, laut zu werden. Normalerweise hört Ihr Kind Sie dann am besten, wenn Sie ruhig mit ihm reden. Fragen Sie es dann, ob es Sie verstanden hat. Oft ist diese Anfangssequenz, die entspannt und liebevoll gestaltet sein sollte, entscheidend dafür, wie die Situation weiterläuft.

Tipp 2: Zeitgefühl

Kinder brauchen Struktur, besitzen aber noch kein Zeitgefühl. Wir tun also gut daran, ihnen dabei zu helfen, Zeit richtig einzuschätzen. Hierzu eignen sich Sanduhren oder Lieder. Zum Beispiel hilft es Kindern, wenn Eltern sagen: „Du kannst jetzt noch fünf Minuten (Sanduhr) oder ein Lied (Musik) spielen, dann musst du aufräumen."

Tipp 3: Spaß

Aufräumen macht viel mehr Spaß, wenn Sie mithelfen. Schöner ist es außerdem, wenn beim Aufräumen Musik läuft. Ein dem Kind bekanntes Lied hilft auch abzuschätzen, wie viel Zeit es für das Aufräumen (noch) hat. Spaß kann es ebenso machen, das Zimmer mal mit nur einer Hand aufzuräumen (hierfür müssen Sie mehr Zeit einrechnen).

Tipp 4: Mitentscheiden

Wir erwarten Kooperation von dem Kind, also müssen wir kooperieren. Lassen Sie Ihr Kind mitentscheiden, ohne das Ergebnis aus dem Auge zu verlieren. Fragen Sie es zum Beispiel: „Was möchtest du heute zuerst aufräumen?"

Tipp 5: Erklärungen

Erklären Sie Ihrem Kind kurz, warum Sie etwas von ihm wollen. Auch wenn es eine Erklärung ist, die es noch nicht voll nachvollziehen kann, fühlt es sich doch ernst genommen und seine Bereitschaft zur Kooperation ist geweckt. Zum Beispiel können Sie sagen: „Ich möchte, dass du deine

Spielsachen aufräumst, denn dann ist es leichter, morgen alles wiederzufinden."

Tipp 6: Interesse zeigen

Interessen unterscheiden sich. Ihr Interesse ist es, dass das Kinderzimmer schnell aufgeräumt wird. Von Ihrem Kind erwarten Sie, dass es dieses Interesse versteht oder sogar teilt. Andersrum ist es genauso. Ihr Kind interessiert sich für ganz andere Dinge. Zum Beispiel für sein vorangegangenes Spiel. Zeigen Sie Interesse, indem Sie nachfragen: „Was hast du denn gespielt, zeig mal."

Tipp 7: Verständnis zeigen

Sagen Sie Ihrem Kind, dass Sie Verständnis dafür haben, dass es bestimmte Dinge nicht so gerne tut wie andere. Auch hier unterscheiden sich Kinder nicht von uns Erwachsenen. Sagen Sie zum Beispiel: „Ja, Spielen ist schöner als Aufräumen."

Fernsehkonsum von Kindern

Kinder unter drei Jahren sollen noch gar nicht fernsehen. Das ist kaum umzusetzen, besonders dann, wenn ältere Geschwister regelmäßig vor der Kiste sitzen. Den Fernseher und andere Medien prinzipiell zu verteufeln oder aber als Babysitterersatz zu missbrauchen, wäre falsch. Wir Erwachsenen müssen die Verantwortung für den Fernsehkonsum unserer Kinder übernehmen. Daher die wichtigsten Fakten zum Fernsehkonsum bei Kindern:

TV & Co. als Lernmedium?

Kinder lernen so gut wie nichts aus dem Fernsehkonsum. Nicht umsonst gibt es eine Rückrufaktion der DVD „Baby Einstein": Erst wurde vermutet und beworben, dass ein speziell entwickeltes Babyfernsehen die Kinder früh fördert. Dann haben Gehirnwissenschaftler das Gegenteil festgestellt: Kinder lernen nur im Dialog mit einer Bezugsperson. Babys erleben ihre Welt im Idealfall mit allen Sinnen. Babys und Kleinkinder schlafen noch sehr viel; in diesen Schlafphasen werden die Massen an Eindrücken gespeichert und verarbeitet. Wenn Babys dann in der wenigen wachen und aufnahmebereiten Zeit vor den Fernseher oder andere Medien gesetzt werden, verhindert dies das Spielen und Erleben mit allen Sinnen. Das Begreifen kommt nur vom Greifen!

Kinder brauchen Zeit, um Bilder im TV zu verarbeiten

Kinder können die vielen Eindrücke und Informationen und Bilder im Fernsehen noch nicht gut verarbeiten. Wenn sie 30 Minuten fernsehen, brauchen sie eine viel längere Zeit, um alles zu verarbeiten. Das verursacht oft Stress. Kinder bauen den Stress ab, indem sie sich viel bewegen, unruhig, quengelig, aggressiv oder weinerlich werden. Oft schlafen sie schlecht und verarbeiten eine Fernsehsendung im Traum – manchmal bis zu zwei Tage später. Die Kinder wissen meist selbst nicht, was mit ihnen los ist.

Wie Kinder die Bilder sehen und empfinden, ist für Erwachsene oft nicht nachvollziehbar

Obwohl die Figuren in einer Serie oder einem Film „die Guten" sind, können sie für Kinder unheimlich sein, da Tiere sprechen können oder magische Fähigkeiten haben. Kinder reagieren zudem sehr sensibel auf Effekte wie spannende Musik oder Licht. Eltern sollten daher mit ihnen fernsehen, auf ihre Reaktionen achten, offen für ihre Fragen sein und über das Gesehene reden. Das geht am besten, wenn Sie den Film zwischendurch anhalten können.

Keine ständige Geräuschkulisse

Wir müssen Kindern den richtigen Umgang mit den Medien beibringen. In vielen Familien laufen Radio und TV als ständige Geräuschkulisse. Was wir unseren Kindern damit antun, ist vielen gar nicht klar. Wenn die Kinder ständig Geräusche um sich haben, stumpfen sie ab. Doch spätestens in der Schule wollen wir, dass Kinder konzentriert zuhören können. Wenn der Lehrer über ein Thema spricht, das das Kind nicht interessiert, fällt es dem Kind schwer, ihm zu folgen.

Vorsicht bei Bildern, die Kinder nicht so schnell vergessen

Sehen Kinder Filme, die nicht altersgerecht sind, die erschreckende oder gruselige Momente enthalten, können sich diese Bilder dem Kind regelrecht einbrennen und es lange Zeit ängstigen. Achtung, solche Bilder kommen auch in den Nachrichten vor!

Fazit

Kinderfilme, Hörbücher, Computerspiele und programmierte Stifte („Tiptoi") können in Maßen und altersentsprechend eingesetzt werden. Statt es dauerzubeschallen, lesen Sie Ihrem Kind lieber regelmäßig vor oder machen Sie Ausflüge zum Spielplatz oder in den Wald.

Tipp: Das Gutscheinheft

Führen Sie ein Gutscheinsystem ein, mit dem Ihr Kind selbst bestimmen kann, wann es die Fernsehzeiten einlösen möchte (jedoch nur bei von Ihnen „genehmigten" Sendungen). Das heißt im Klartext: Basteln Sie Fernsehgutscheine mit unterschiedlichen Werten von fünf Minuten, zehn Minuten und 20 Minuten für eine ganze Woche. Diese händigen Sie Ihrem Kind aus. Mit diesen Gutscheinen muss Ihr Kind dann „bezahlen", wenn es etwas schauen möchte. So kann es selbst den Überblick behalten. Ihr Kind wird an dem Prozess beteiligt und bekommt Verantwortung übertragen. Zu Anfang wird es Schwierigkeiten haben, mit den Gutscheinen angemessen zu haushalten. In dieser Anfangsphase sollten Sie die Woche in zwei Teile aufteilen, damit es für Ihr Kind einfacher ist, den Überblick zu behalten.

Der Extratipp: „Flimmo"

Eine schöne Kommentierung des aktuellen Fernsehprogramms und spannende Themen rund ums Fernsehen und darüber hinaus finden Sie auch in dem Ratgeber „Flimmo", der in vielen Städten als Papierversion erhältlich ist, aber auch im Internet unter www.flimmo.de zu finden ist.

Weitere Informationen und auch hübsche Fernsehgutscheine finden Sie unter www.schau-hin.info.

Hilfe, mein Kind ist wasserscheu!

Haben Sie auch ein Kind, das schon einen Schreianfall bekommt, wenn es nur in die Nähe von Wasser kommt? Schwimmbadbesuche und entspannte Tage am See sind für Sie Fremdwörter?

Da jedes Kind einen ganz eigenen Charakter hat, ist es normal, dass es auch Kinder gibt, die vollkommen wasserscheu sind. Aber wie kann man dem als Eltern vorbeugen, oder wenn sich diese Abneigung schon entwickelt hat, wie können Sie es schaffen, Ihrem Kind den Spaß am Wasser zu vermitteln?

 So wird aus Ihrem Kind eine Wasserratte

- Versuchen Sie schon im Säuglingsalter, Ihr Kind an das Wasser zu gewöhnen. Denn je früher es sich mit dem Element Wasser anfreundet, desto entspannter wird dann wahrscheinlich auch der weitere Umgang damit. Es gibt schon für die Kleinsten Babyschwimmkurse, die den Zweck haben, früh an das Wasser zu gewöhnen. Gerade ganz Kleine empfinden das Wasser als angenehm, da es ähnlich wie in der Gebärmutter den Körper wohlig umschließt. Wenn Sie nach dem Babyschwimmen weiter am Ball bleiben, wird Ihr Kind sehr wahrscheinlich keine große Wasserscheu mehr entwickeln.

- Wenn Ihr Kind schon wasserscheu ist, sollten Sie immer wieder versuchen, ihm den Kontakt zum Wasser schmackhaft zu machen. Melden Sie Ihr Kind vielleicht gemeinsam mit einem Freund zur Wassergewöhnung an. Oft hilft es Kindern zu sehen, dass andere sich auch trauen. Sollte Ihr Kind kein Interesse an einem Kurs haben, könnten Sie im Sommer mit einem Planschbecken üben. Befüllen Sie dieses mit ausreichend warmem Wasser: Vielleicht mag Ihr Kind erst einmal die Puppe darin baden lassen, dann gehen Sie vielleicht gemeinsam nur mit den Füssen hinein und spritzen um die Wette. Häufig ist es einfach auch wichtig, dass Kinder merken, dass Wasser Spaß macht. Wenn Kinder das verstanden haben, geht es meist bergauf.

- Versuchen Sie einmal, bevor die Schule anfängt, mit Ihrem Kind in ein Spaßbad zu fahren, in dem es wirklich warmes Wasser gibt. Wenn Sie sich dort etwas Zeit nehmen, können Sie das gespaltene Verhältnis zum Wasser vielleicht verbessern. Das klappt bestimmt besser als im Unterricht, wenn Ihr Kind ins kalte Schulschwimmbad muss!

Beachten Sie aber bitte immer, dass Sie Ihr Kind zu nichts zwingen, denn Druck erzeugt bekanntlich Gegendruck und verfehlt somit das Ziel.

Autofahren – Tortur oder Freude?

Es gibt Kinder, die haben Spaß an längeren Autofahrten, die meisten Kinder finden sie aber langweilig. Es ist leider nicht nur so, dass sie sich langweilen. Nein, sie drücken dies meist auch lautstark aus. Am Anfang wird noch gequengelt, das kann sich zu lautstarkem Protestieren entwickeln und manchmal geht es in ohrenbetäubendes Gebrüll über. Spätestens dann sind die meisten Eltern an einem Punkt angekommen, an dem sie verteufeln, überhaupt ins Auto gestiegen zu sein.

Wenn Sie sich in solchen Situationen wiederfinden, gehören Sie zu einem Großteil aller Eltern. Leider gibt es für dieses Problem keine allgemeingültige Lösung. Wichtig ist es in jedem Fall, dass Sie weiterhin mit Ihrem Kind Auto fahren, auch längere Strecken.

Es gibt Strategien, wie man das gemeinsame Autofahren etwas entspannter angehen kann. Bei jedem Kind sollten Sie individuell schauen, welche Methode greift.

Tipp 1: Musikprogramm mitgestalten

Lassen Sie Ihr Kind das Musikprogramm mitgestalten. Bevor eine längere Autostrecke ansteht, fragen Sie, welche seiner Musik- und Hörspiel-CDs es gerne mit ins Auto nehmen möchte. Einigen Sie sich darauf, dass nicht ausschließlich seine CD gehört wird, sondern abwechselnd auch Ihre. Wenn Sie einen tragbaren CD-Player oder mp3-Player haben, kann Ihr Kind mit Kopfhörern hören. Wichtig ist, darauf zu achten, dass die Lautstärke kindgerecht eingestellt ist und dass Ihr Kind nicht zu lange über die Kopfhörer hört.

Tipp 2: Autospiele

Können Sie sich aus Ihrer Kindheit an Autospiele erinnern, die Ihnen längere Autofahrten erleichtert haben? Zum Beispiel kann sich jeder eine Autofarbe aussuchen und dann werden die Autos in der Farbe gezählt. Oder man kann „Ich sehe was, was du nicht siehst" wunderbar spielen. Weitere Anregungen für solche Spiele finden Sie im Internet.

Tipp 3: Machen Sie Pausen!

Sie als Erwachsener werden bei längeren Autofahrten irgendwann merken, dass Sie nicht mehr sitzen können oder Ihre Konzentration nachlässt. Erkundigen Sie sich vor der Fahrt, an welchen Rastplätzen Sie Spielmöglichkeiten finden, steuern Sie gezielt diese Rastplätze an und lassen Sie Ihr Kind sich etwas austoben. Sie werden merken, dass das Weiterfahren danach um einiges leichter fällt.

Tipp 4: Belohnung ab Kilometer 100

Als Vorbereitung auf die große Fahrt können Sie auch spannende Reiseliteratur wie die aktuelle „Micky Mouse" kaufen. Dieses wird aber erst ab Kilometer 99 geöffnet. So bleibt die Fahrt spannend. Eventuell lesen Sie schon einmal unter dem Stichwort „Quengeln" nach, damit Sie die 99 Kilometer überleben!

Wünsche erfüllen

Eltern erfreuen sich an den strahlenden Kinderaugen, wenn sie ihren Lieben mal wieder einen Wunsch erfüllt haben. Passen Sie aber auf, dass dies nicht zur Gewohnheit wird, denn sonst werden diese Geschenke immer eingefordert und sind gar nichts Besonderes mehr für Ihr Kind.

Aber wie stellen Sie das richtig an?

Wenn Ihr Kind einen ganz großen Wunsch hat, sollte die Erfüllung dieses Wunsches generell bis Weihnachten oder bis zum Geburtstag warten. Kleinere Wünsche dürfen ab und an erfüllt werden, zum Beispiel, wenn ein Belohnungssystem eingeführt wurde und Ihr Kind alle bestehenden Regeln eingehalten und all seine Aufgaben erledigt hat.

Manchmal sind Wünsche ganz aktuell und Ihr Kind drängt darauf, dass sie sofort erfüllt werden müssen. Dann können Sie gemeinsam mit Ihrem Kind überlegen, ob es dafür Geld aus seiner Spardose nehmen möchte. Wenn es bereit ist, dafür sein gespartes Geld zu opfern, dann ist es in Ordnung. Über das eigene Geld sollte das Kind selbst entscheiden dürfen. Machen Sie ihm aber klar, dass dann die Spardose leer sein wird.

Erklären Sie Ihrem Kind, warum Sie ihm nicht sofort jeden Wunsch erfüllen können. Sagen Sie ihm, dass Geschenke nicht selbstverständlich sind, sondern etwas Besonderes, das es zu bestimmten Anlässen oder als Belohnung bekommt. Ihr Kind wird das verstehen.

Das können Sie Ihrem Kind auch anhand von eigenen Wünschen erklären: Sie hätten zum Beispiel auch gerne ein großes neues Auto. Aber leider klappt das dieses Jahr nicht, weil es zu teuer ist und Sie erst einmal dafür sparen müssen.

Wochenende – Sonderregelungen?

Generell sagt man ja, dass Kinder einen ständig gleich ablaufenden Tagesrhythmus benötigen, der ihnen Sicherheit gibt. Trotzdem ist es in Ordnung, an den Wochenenden kleine Sonderregelungen zu treffen. Und wenn dies in der Regel jedes Wochenende geschieht, wäre es ja wieder eine für Kinder verständliche Regelmäßigkeit.

Sie als Eltern müssen am Wochenende wahrscheinlich nicht arbeiten, daher haben Sie vermutlich die Sonderregel, morgens nicht so früh aufstehen zu müssen wie unter der Woche. Warum sollte dann bei den Kindern der Wecker klingeln? Auch steht einem ausgiebigen Familienfrühstück am Wochenende nichts im Wege, da meist nur dann Zeit dafür ist. Ausflüge, gemeinsame Familienzeit und vielleicht auch ein späteres Zubettgehen stehen bei vielen Familien auf dem Wochenendprogramm. Kinder lernen durch diese Sonderregelungen, dass das Wochenende etwas Besonderes ist – genießen Sie es gemeinsam mit Ihrem Kind!

Vertauschte Rollen

Findet Ihr Kind es manchmal ungerecht, dass Sie als Eltern immer alles bestimmen und machen dürfen, was Sie wollen? Dieses Gefühl Ihres Kindes ist normal. Es spürt, dass Sie die Regeln aufstellen und es selbst wenig daran beteiligt ist. Außerdem dürfen Sie viel mehr und vor allem andere Dinge als Ihr Kind. Dass Ihre Rolle als Eltern auch Negativseiten hat, sieht Ihr Kind nicht.

Tipp: Werden Sie wieder Kind und lassen Sie Ihr Kind wachsen

Bieten Sie Ihrem Kind doch einmal an, an einem freien Tag am Wochenende oder in den Ferien die Rollen zu tauschen. Ihr Kind wird von dieser Idee total begeistert sein, da es denkt, den ganzen Tag bestimmen zu dürfen. Seien Sie in der Rolle des Kindes auch ein Kind, das quengelt, dem es nicht schnell genug geht oder das keine Lust auf das hat, was der „Elternteil" vorschlägt. Durch einen solchen Rollentausch bekommt Ihr Kind Einblicke in Ihre Rolle als Eltern. Es merkt, dass es nicht nur Spaß macht alles bestimmen zu dürfen und dass Eltern eine Menge Arbeit haben. Für ein gutes Gelingen sprechen Sie im Vorfeld ab, dass Sie als „Kind" beim Essen zubereiten helfen dürfen. Ihr Kind darf als „Elternteil" bestimmen, was es zu Essen gibt.

Sie werden merken, dass Ihr Kind ganz enthusiastisch an die Sache geht, im Verlauf des Tages jedoch feststellt, dass es gar nicht so spannend ist, Mutter oder Vater zu sein – dass diese Rolle mit vielen Verpflichtungen zusammenhängt. Trotzdem wird ihm dieser Rollentausch Spaß machen und es wird stolz darauf sein, einmal der „Bestimmer" zu sein.

Der Extratipp: Belohnungssysteme

Kinder sind viel zugänglicher, wenn Sie dazu bereit sind, sie zu belohnen. Natürlich müssen Sie nicht jedes Verhalten belohnen, es gibt aber Situationen, in denen es akzeptabel ist, mit einem Belohnungssystem zu arbeiten. Als Belohnung eignen sich gemeinsame Aktivitäten wie der Besuch eines Schwimmbads, ein Nachmittag im Zoo oder kleinere Geschenke wie ein kleines Auto oder ein Buch. Wenn Sie zum Beispiel möchten, dass Ihr Kind sich mehr an der Hausarbeit beteiligt oder sich mehr um das Aufräumen des eigenen Zimmers kümmert, könnten Sie in der Phase, in der Sie beginnen dieses Verhalten einzufordern, ein Belohnungssystem anwenden.

Belohnungssysteme haben für Kinder eine Art Spielcharakter und lassen sie aktiv teilhaben. Durch die zu erwartende Belohnung haben sie meist Spaß daran und arbeiten motiviert mit. Somit kommt es zu einer Win-win-Situation.

Setzen Sie sich zuerst mit Ihrem Kind zusammen und erklären Sie ihm, dass Sie sich bestimmte Dinge von ihm wünschen und dass es belohnt wird, wenn es diese Dinge regelmäßig tut. Gemeinsam können Sie sich dann überlegen, welche Belohnungen möglich wären – wie kleine Geschenke oder gemeinsame Aktivitäten. Danach können Sie zusammen das Belohnungssystem basteln. Vielleicht kann Ihr Kind passende Symbole wie ein Bild vom Auto, Schwimmbad, Eis oder Spielplatz aus Zeitschriften ausschneiden, während Sie eine große Schlange mit vielen

einzelnen Spielfeldern auf einen großen Papierbogen aufmalen. Die ausgeschnittenen Symbole für die Belohnungen
kleben Sie dann in angemessenen Abständen auf verschiedene Felder auf. Wenn Sie fertig gebastelt haben, hängen Sie
das Belohnungssystem gemeinsam an einer Stelle auf, wo
Ihr Kind es gut sehen kann.

Jedes Mal, wenn Ihr Kind nun das gewünschte Verhalten
wie beispielsweise das aufgeräumte Zimmer gezeigt hat,
können Sie einen Stempel in ein Spielfeld machen. Es wird
sich freuen, wenn es sieht, dass die erste Belohnung immer
näher rückt, und motiviert die Verhaltensweisen beibe-
halten.

Wenn das gewünschte Verhalten von Ihrem Kind gut übernommen wurde, sollten Sie ein Belohnungssystem langsam wieder abschaffen. Sie können andere Regelungen für
andere Aufgaben treffen.

So könnte ein Belohnungsplan aussehen

Lottes Punkteplan	Montag	Dienstag	Mittwoch	Donnerstag	Freitag	Samstag	Sonntag
Lotte hat sich morgens die Zähne gut geputzt	☺						
Lotte hat sich morgens gut & schnell angezogen							
Lotte hat am Abend vorher an alles Wichtige gedacht	☺						
Lotte hat sich abends gut & schnell ausgezogen	☺						
Lotte hat sich abends die Zähne gut geputzt	☺						
Lotte ist pünktlich um 20.00 Uhr im Bett							
Wie viele Smileys gesammelt?	4						

Die liebe Familie

Jeder in der Familie hat seinen Platz. Wenn sich dann ein Geschwisterchen ankündigt, kann das das Familienleben ganz schön durcheinanderwirbeln. Bei aller Rücksicht auf die Kinder ist es wichtig, dass auch Sie als Eltern nicht zu kurz kommen.

Nachwuchs – das neue Baby

In vielen Familien soll es nicht nur bei einem Kind bleiben, und irgendwann steht die Geburt des zweiten Kindes bevor. Viele Eltern haben Angst, dass es Schwierigkeiten gibt, dass das erste Kind sich ausgegrenzt fühlt und eifersüchtig auf das Baby reagieren könnte.

Wichtig ist, dass Sie von Anfang an Ihr Kind darauf vorbereiten, dass es bald ein Geschwisterchen bekommt und dass damit natürlich Veränderungen anstehen. Bereiten Sie Ihr Kind behutsam darauf vor. Je älter es ist, desto besser kann man es auf diese Veränderung vorbereiten. In vielen Städten werden z. B. Geschwisterkurse angeboten, in denen die älteren Kinder den Umgang mit einem Säugling lernen können. Wenn Ihr Kind mit Wut und Abweisung auf diese Veränderung reagiert, ist dies ganz normal. Seien Sie nicht enttäuscht, sondern nehmen Sie es mit seinen Sorgen und Ängsten wahr. Bevor ein Geschwisterkind kommt, hat es schließlich Ihre ungeteilte Aufmerksamkeit erhalten, und nun soll es diese plötzlich teilen. Sprechen Sie mit Ihrem Kind darüber, was es genau stört und wovor es Angst hat. Sagen Sie ihm, dass sich an Ihren Gefühlen zu ihm nie etwas ändern wird und dass es weiterhin ganz wichtig für Sie ist.

 ## So freuen sich alle auf das neue Baby

- Beziehen Sie Ihr Kind in die Vorbereitungen für das Baby mit ein. Vielleicht mag es die Farbe für das Kinderzimmer aussuchen oder alte Spielsachen für das neue Baby aussortieren. Lassen Sie es aktiv teilhaben, denn dann wird es sich nicht ausgeschlossen, sondern als Teil dieser Veränderung fühlen.

- Sagen Sie Ihrem Kind nicht, dass es durch das neue Baby einen Spielkameraden hat, auf den es sich freuen kann. Denn dies ist in den ersten Monaten unrealistisch und Ihr Kind wird enttäuscht sein, wenn es merkt, dass es nicht direkt mit dem Baby spielen kann. Bereiten Sie Ihr Kind lieber darauf vor, wie es wirklich ablaufen wird – dass das Baby am Anfang viel schläft, weint und gefüttert und gewickelt werden möchte.

- Schenken Sie Ihrem Kind vor der Geburt eine Babypuppe, an der es üben kann. Die meisten Kinder haben daran viel Freude.

- Fangen Sie schon vor der Geburt des neuen Babys mit neuen Ritualen an, dass zum Beispiel der Vater das Kind ins Bett bringt oder zum Kindergarten fährt. So hat Ihr Kind die Möglichkeit, sich schon vorher an diese Veränderungen zu gewöhnen.

■ Wenn das Baby da ist, ist es besonders wichtig, Ihrem großen Kind Zeit nur mit Ihnen einzuräumen. Nehmen Sie sich diese, um gemeinsam in Ruhe ein Buch zu lesen oder zu kuscheln. Gerade zu Anfang schlafen Babys viel und diese Zeit ist wichtig für Ihr großes Kind. Reservieren Sie ihm feste Zeiten, damit Sie ihm signalisieren, dass es weiterhin wichtig ist. Lassen Sie Ihr Kind mit dem Baby kuscheln und es in den Arm nehmen, bremsen Sie es nicht aus, sobald es sich dem Neugeborenen nähert. Vielleicht sind zu Beginn die Berührungen noch etwas stürmisch, Ihr Kind wird schnell merken, was das Baby mag und was nicht. Wenn Sie Ihr Kind dabei gewähren lassen, merkt es, dass Sie ihm vertrauen und es wertschätzen.

Zweisamkeit

Damit Sie als Eltern auch Paar bleiben und nicht nur noch Eltern sind, kann es hilfreich sein, sich exklusive Elternzeiten einzurichten. Dies kann so aussehen, dass Sie sich für einen Abend in der Woche mit Ihrem Partner bewusst verabreden und gemeinsam etwas unternehmen. Gehen Sie in ein Restaurant, während ein Babysitter auf das Kind aufpasst. Oder machen Sie sich einfach einen gemütlichen Abend auf dem Sofa – ohne Fernseher.

Wichtig ist, dass Sie in diesen Zeiten über Themen sprechen, die nicht ausschließlich um Ihr Kind kreisen, also Themen, die den „erwachsenen Bereich" betreffen. Zum Beispiel, was Sie zurzeit bewegt, wie es Ihnen geht, wie es bei der Arbeit ist, was die Kollegen oder Freunde so machen, wohin man in den Urlaub fahren könnte oder was es gesellschaftlich, politisch oder kulturell so Neues oder Interessantes gibt.

Da viele Eltern abends einfach zu „erschlagen" sind, um sich ausgiebig zu unterhalten, sollten Sie einen Abend auf dem Sofa als etwas wertvolles Gemeinsames betrachten. Auch wenn vermeintlich wenig aktiv unternommen wird, ist es doch Zeit, die man gemeinsam verbringt. Dinge, die vor der Elternschaft selbstverständlich waren, sind nun immer mit Planung verbunden, was spontane Unternehmungen als Paar erschwert – so haben Sie aber etwas, auf das Sie sich freuen können: „Am Samstag gehen wir ins Kino" oder „Jeden Freitag gehen wir eine Stunde joggen" oder „Sonntags ist unser Sofa-Tatort-gucken-Abend".

Es ist wichtig, diese Exklusivzeiten mit dem Kind zu besprechen. Hierbei kann es hilfreich sein, klare Regeln aufzustellen, wann die „Elternzeit" beginnt, zum Beispiel nachdem das Kind ins Bett gebracht wurde. Bei etwas älteren Kindern, die länger aufbleiben dürfen, kann das so aussehen, dass nach dem Abendessen die „Elternzeit" beginnt, das Kind dann zwar noch dabei ist, aber die Gespräche der Eltern nicht mehr unterbrochen werden dürfen und das Kind für sich spielt.

Es ist wichtig, dass Sie als Paar gut auf sich aufpassen, denn nur zufriedene Paare können als Eltern gut funktionieren. Und auch wenn es früher selbstverständlich war, jetzt ist es etwas Wertvolles und Besonderes, ein „Date" mit seinem Partner oder seiner Partnerin zu haben.

Haben Sie kein schlechtes Gewissen, weil Ihr Kind während Ihrer „Elternzeit" ohne Sie auskommen muss.

Freundschaften pflegen

Kinder schließen gerne Freundschaften. Die sollten Sie in jedem Fall fördern und die besten Freunde Ihrer Kinder auch einmal zu sich nach Hause zum Spielen einladen. Doch Sie als Eltern sollten Ihre Freundschaften ebenso pflegen – trotz Kind. Das geht.

Der beste Freund, die beste Freundin

Haben Sie auch schon erlebt, dass Ihr Kind Ihnen den neuen besten Freund vorstellt und Sie überhaupt nicht verstehen können, dass die beiden befreundet sind? Oder dass Sie die Eltern des Freundes unsympathisch finden und sich wünschen würden, dass Ihr Kind Kontakt zu anderen Kindern pflegt? Seien Sie beruhigt, diese Gedanken sind auch anderen Eltern nicht fremd. Wichtig ist, dass Sie nicht versuchen, Ihrem Kind die Freunde auszureden. Dadurch fühlt es sich verunsichert und nicht ernst genommen.

Kinder wählen aus bestimmten Gründen ihre Freunde aus – beispielsweise, weil sie dieselben Spielsachen mögen. Dominante Kinder suchen sich gerne etwas schwächere Freunde, damit sie ihre führende Rolle besser ausleben können. Und andersherum: Schüchterne Kinder suchen sich gerne dominante Kinder aus, weil sie sich durch diese Freundschaft stärker fühlen und in dieser Freundschaftskonstellation schwach sein dürfen.

Wundern Sie sich ebenso nicht, wenn Ihr Kind ständig wechselnde Freundschaften hat. Gerade in der Kindergartenzeit sind enge Verbindungen noch nicht so häufig.

Tipp: Die Wahl lassen

Versuchen Sie nicht, Freunde für Ihr Kind auszusuchen, Ihr Kind muss selbst seine Spielpartner finden und auswählen. Auch wenn das bedeutet, dass Sie Kinder zu Besuch haben, die Sie nicht so gut leiden können, oder dass Ihr Kind in Familien zu Gast ist, die Sie nicht gerne mögen.

Wichtig: Ihr Kind ist gut, so wie es ist, und somit hat es verdient, eigene Entscheidungen zu treffen. Dazu gehört auch die Wahl der Freundschaften. Verlassen Sie sich drauf, dass noch viele Freunde kommen und gehen werden und dass Ihr Kind später seine Spielkameraden nach anderen und vielleicht wichtigeren Kriterien aussucht als im Kindergartenalter.

„Die Susi ist nicht mehr meine Freundin"

Generell sollten Sie es Ihrem Kind überlassen zu entscheiden, mit wem es befreundet sein möchte und mit wem nicht. Trotzdem ist es bei solchen Aussprüchen manchmal sinnvoll, nachzuhaken.

Sehr wahrscheinlich gab es irgendeine kleinere Streiterei. In den meisten Fällen lösen sich diese Konflikte genauso schnell, wie sie entstanden sind, in der Regel sind spätestens zwei oder drei Tage später sämtliche Streitereien vergessen. Sollte der Konflikt länger anhalten und Ihr Kind oder das andere Kind auch darunter leiden, können Sie als Eltern einen Vermittlungsversuch starten. Ab einem gewissen Alter (spätestens im Grundschulalter) sollten Kinder wenn möglich die Konflikte alleine austragen, ihre Selbstständigkeit wird nämlich durch das Einmischen von den Eltern gebremst.

Versuchen Sie aber immer, Ihrem Kind zu vermitteln, dass es mit solchen Aussprüchen die Freundin traurig machen kann. Es selber fände es wahrscheinlich auch nicht toll, wenn die eigene Freundin so über die Freundschaft reden würde.

Wenn Sie einen solchen Fall von „Freundschaftsentzug" mitbekommen, sollten Sie nach dem Grund forschen. So erkennt Ihr Kind, dass Sie aktiv an seinem Leben teilnehmen und an seinen Problemen interessiert sind. Vielleicht sprechen Sie mit Ihrem Kind darüber und erarbeiten eine gemeinsame Strategie, wie und warum die Susi doch wieder eine gute Freundin sein kann.

Der erste Besuch von Freunden aus dem Kindergarten

In der Kindergartenzeit kommt der Tag, an dem Ihr Kind die ersten Freundschaften entwickelt. Freundschaft ist leider nicht immer nur eitel Sonnenschein, sondern auch mit Streitereien und Wut verbunden. Das werden Sie wahrscheinlich merken, wenn Ihr Kind nach dem Kindergartenbesuch erzählt, wie blöd die anderen Kinder sind. Es wird gelogen, verletzt, beschimpft und zum Teil körperlich gestritten. Aber Gott sei Dank wird sich meist auch ganz schnell wieder vertragen.

Wenn diese Phase bei Ihrem Kind losgeht, wird auch der Wunsch aufkommen, Kindergartenkameraden nach Hause einzuladen. Geben Sie diesem Wunsch auf jeden Fall nach, wenn Sie das zeitlich realisieren können. Da Kinder solche wichtigen Absprachen noch nicht eigenständig treffen können, sind Sie als Eltern an der Reihe, einen Besuchstermin zu vereinbaren. Vielleicht möchte bei dem ersten Treffen noch ein Elternteil dabei sein. Stellen Sie sich also darauf ein, dass nicht nur das Kind zu Besuch kommen wird. Es gibt Kinder, die ohne Probleme zu anderen gehen, und Kinder, die sich sicherer fühlen, wenn Mama erst mal mit dabei bleibt. Oft ist dies nach wenigen Minuten überstanden, in der Regel dann, wenn gemeinsam das Kinderzimmer unsicher gemacht wird.

Wenn das Besuchskind erst einmal da ist, glauben Sie nicht, dass das immer nur harmonisch ablaufen wird. Oft gibt es zwischendurch Situationen, in denen eines der Kinder kommt und sich über das andere Kind beschwert. Ihr Kind wird sich vorher genau ausgemalt haben, was es alles mit dem Besuchskind machen möchte. Das Besuchskind wird aber nicht immer die gleichen Interessen haben. Je nach Alter der Kinder können Sie in diesen Situationen unterstützen oder sich raushalten, das müssen Sie selbst in der jeweiligen Situation entscheiden. Häufig ist es sinnvoll, sich erst einmal rauszuhalten. Viele Probleme regeln sich von selbst. Seien Sie nicht verunsichert, wenn es handfesten Zoff gibt und einer oder beide anfangen zu weinen. Versuchen Sie in diesen Situationen zu vermitteln.

So bereiten Sie Ihr Kind auf den Besuch vor

- Sprechen Sie mit Ihrem Kind im Vorfeld darüber, dass es wichtig ist, zu teilen, wenn Kinder zu Besuch kommen. Erklären Sie ihm, dass es in Ordnung ist, wenn es ein Lieblingsspielzeug nicht teilen mag. Vielleicht einigen Sie sich darauf, dass dieses Lieblingsspielzeug an dem Tag nicht im Kinderzimmer liegt. Dann besteht gar nicht erst die Gefahr eines Konfliktes.

- Wenn das Besuchskind da ist und nur gezankt wird, können Sie den Kindern deutlich sagen, dass Sie das nicht möchten und dass der gemeinsame Nachmittag abgebrochen wird, sollte das nicht aufhören. Meist reicht das aus und die Kinder werden den Rest des Nachmittags harmonisch miteinander spielen.

- Wenn die beiden streiten, können Sie sie auffordern, Ihnen bei der Zubereitung des Kakaos zu helfen, mit ihnen ein Spiel spielen, ein Buch vorlesen oder eine Runde auf den Spielplatz oder in den Garten gehen, bis wieder Ruhe eingekehrt ist.

Der erste Besuch bei den Kindergartenfreunden

Irgendwann steht der erste Besuch des eigenen Kindes bei seinen Freunden auf dem Programm. Es wird gespannt darauf sein, welche Spielsachen sein Kindergartenfreund hat und wie er so lebt.

Sie als Eltern treffen die Verabredungen mit den Eltern des Kindergartenfreundes. Wenn Ihr Kind offen ist und die Eltern des Kindes vielleicht schon aus dem Kindergarten kennt, können Sie Ihr Kind getrost ohne Begleitung bei seinem Freund lassen. Sollte Ihr Kind sehr schüchtern sein, können Sie mit ihm verabreden, dass Sie erst noch kurz mit rein kommen und warten, ob es sich wohlfühlt, und es erst dann alleine lassen.

Wenn das erste Treffen näher rückt, werden Sie merken, dass Sie selbst aufgeregt und etwas verunsichert sind. Es ist wahrscheinlich das erste Mal, dass Sie Ihr Kind „fremden Leuten" – die keine Erzieher sind – überlassen. Es ist normal, dass Sie sich Gedanken um das Wohlbefinden Ihres Kindes machen. Aber zum einen sind die Leute keine Fremden, Ihr Kind kennt einen Teil der Familie schon aus dem Kindergarten und Sie haben die Eltern sicher schon im Kindergarten getroffen. Zum anderen haben diese „Fremden" selbst mindestens ein Kind im Alter Ihres Kindes und wissen dadurch ganz genau, welche Bedürfnisse Kinder in dem Alter haben. Versuchen Sie sich also am besten etwas zu beruhigen. Sollte Ihr Kind diese innere Anspannung mitbekommen, wird es ebenfalls unsicher und traut sich nicht, seinen Freund zu besuchen.

Erleichtern Sie Ihrem Kind diesen Schritt in die Selbstständigkeit, indem Sie es darin bestärken, dass es bestimmt eine ganz tolle Zeit bei seinem Freund haben wird. Vielleicht möchte es auch sein Lieblingsspielzeug mitnehmen. Um sich selbst etwas wohlerzufühlen, hinterlassen Sie bei der Familie Ihre Telefonnummer.

Planen Sie den ersten Besuch nur für einen kurzen, überschaubaren Zeitraum ein (ungefähr zwei Stunden) und halten Sie sich in der Nähe (zum Beispiel in einem Café um die Ecke) auf, um im Notfall schnell zur Stelle zu sein. Wenn Sie sich als Eltern sympathisch sind, spricht nichts dagegen, den ersten Besuch gemeinsam zu verbringen.

Freunde treffen – auch mit Kindern?

Es ist ein herrlicher Tag, Sie freuen sich auf Ihren Besuch, Freunde oder Verwandte haben sich seit Längerem mal wieder angekündigt, nur eine Sache trügt die Vorfreude – Ihr Kind! Ihr Kind protestiert schon von vornherein und hat einfach keine Lust auf Ihren Besuch.

Tipp 1: Versetzen Sie sich in die Lage Ihres Kindes

Sie werden merken, dass der Besuch für Ihr Kind nicht interessant oder spannend sein kann. Es hat niemanden zu spielen, Sie werden sich wahrscheinlich (fast) ausschließlich um die Gäste kümmern – und das ist nun einmal langweilig. Nachdem Sie jetzt wissen, wie es gefühlsmäßig in Ihrem Kind aussieht, versuchen Sie ihm zu erklären, warum es für Sie wichtig ist, Ihre Freunde zu treffen. Und dass es Sie traurig macht, wenn Ihr Kind den Besuch boykottiert, da Sie selber versuchen, Ihrem Kind seinen Besuch zu ermöglichen.

Tipp 2: Lassen Sie Ihr Kind eigene Freunde einladen

Vielleicht finden Sie eine Lösung, mit der Sie beide zufrieden sind. Ihr Kind könnte für den Besuchstag einen Spielkameraden einladen, aber nur unter der Bedingung, dass die beiden ruhig miteinander spielen und Sie Ihren Besuch genießen können. Wenn Ihnen das zu viel an einem Tag ist, lassen Sie Ihr Kind am Tag vorher einen Spielkameraden einladen, aber unter der Voraussetzung, dass es an dem Tag, an dem Ihr Besuch kommt, keine Probleme gibt.

Tipp 3: Bestechen Sie Ihr Kind

Oft helfen kleinere „Bestechungen". Holen Sie, wenn der Besuch da ist, ein neues Malbuch raus, in dem Ihr Kind malen kann. Bauen Sie, bevor der Besuch kommt, gemeinsam mit Bausteinen ein Haus, mit dem Ihr Kind später alleine weiterspielen kann, oder binden Sie Ihr Kind in den Tagesablauf ein. Lassen Sie es mitbestimmen, welcher Kuchen gebacken wird, und fragen Sie es, ob es sich später um die Gäste kümmern möchte. Das kann heißen, dass Ihr Kind die Tür öffnet oder die Gäste fragt, ob sie etwas trinken möchten. So wird es das Gefühl haben, dazuzugehören.

Besuch bei Freunden

Soziale Kontakte zu pflegen ist für Erwachsene, die berufstätig sind, meist schon sehr schwierig. Wenn Kinder dazu kommen, wird es noch komplizierter. Ihre Geduld wird oft auf eine harte Probe gestellt, wenn Sie Ihre Freunde besuchen wollen – gemeinsam mit Ihrem Kind. Solche Besuche sind für Kinder langweilig, vor allem wenn Ihre Freunde keine Kinder haben.

Wenn Ihr Kind schon vor dem Besuch ankündigt, dass es darauf keine Lust hat, fragen Sie es, warum. Erklären Sie ihm, warum dieser Besuch für Sie wichtig ist und dass es Sie traurig macht, dass es sich so gegen diesen Besuch sträubt.

Tipp 1: Eigene Spielsachen mitnehmen

Lassen Sie Ihr Kind für den Besuch eine Tasche mit Spielsachen, Malsachen etc. packen Vielleicht hat es Lust, für die Freunde, die Sie besuchen, ein schönes Bild zu malen oder etwas zu basteln.

Tipp 2: Planen Sie einen Spaziergang ein

Vielleicht ist in der Nähe Ihrer Freunde eine Eisdiele oder ein Spielplatz (klären Sie das vorher ab). Dann könnten Sie Ihrem Kind versprechen, dass Sie gemeinsam mit den Freunden einen Spaziergang dorthin machen. Ihre Freunde werden bestimmt Verständnis dafür haben, denn der Besuch wird durch eine solche Aktion viel entspannter für alle Beteiligten, und somit haben Sie mehr Raum, sich in Ruhe auszutauschen.

Tipp 3: Ziehen Sie mal alleine los

Haben Sie kein schlechtes Gewissen, wenn Sie sich eigene Freiräume schaffen, besuchen Sie Ihre Freunde ruhig einmal alleine und lassen Sie während der Zeit Ihr Kind bei seinen Freunden spielen.

Gemeinsam essen und feiern

Haben Sie einen kleinen Gourmet zu Hause? Oder ist Ihr Kind eher ein schlechter Esser? Gemüse schmeckt nicht, dafür die Süßigkeiten? Mit einfachen Tricks sorgen Sie für eine gesunde Ernährung. Und zur Belohnung winken dann auch ein Restaurantbesuch oder eine tolle Party.

Mama, das schmeckt mir nicht!

Welche Eltern bekommen diesen oder einen ähnlichen Spruch nicht ständig zu hören? Es ist zum Verzweifeln, man gibt sich Mühe, abwechslungsreiches und ausgewogenes Essen auf den Tisch zu bringen, und zum Dank erntet man Kritik von den kleinen Feinschmeckern. Wenn es nach Kindern ginge, würde der Speiseplan recht einfallslos aussehen. Montag: Nudeln mit Ketchup, Dienstag: Schnitzel mit Pommes, Mittwoch: Nudeln mit Ketchup usw.

Sie sollten sich bemühen, diesen Kreislauf des ungesunden Essens zu durchbrechen. Zum einen ist es für die Gesundheit wichtig, vitamin- und nährstoffreich zu essen. Zum anderen ist es wichtig, Kinder frühzeitig an eine ausgewogene Ernährung zu gewöhnen. Ansonsten werden Sie die nächsten 18 Jahre mit Aussprüchen wie dem eben genannten „Mama, das schmeckt nicht!" konfrontiert.

Kinder sind Gewohnheitstiere: Bringen Sie ihnen früh bei (fast) alles zu essen, werden sie es wahrscheinlich ein Leben lang weiter so praktizieren. Außerdem sind Kinder Nachahmungstäter. Seien Sie also ein gutes Vorbild und ernähren Sie sich gesund und ausgewogen.

Beachten Sie bitte, dass jedes Kind Speisen hat, die es besonders gerne und gar nicht gerne isst. Das geht uns Erwachsenen auch so, und darauf sollten Sie Rücksicht nehmen. Nach Möglichkeit sollte das Prinzip vertreten werden, dass Ihr Kind alles einmal in kleiner Menge probieren sollte, bevor es komplett abgelehnt werden kann.

Tipp 1: Planen Sie den Speiseplan gemeinsam

Beziehen Sie Ihr Kind in die Speisenplanung mit ein. Sagen Sie ihm, dass es ein Gericht pro Woche selbst aussuchen darf, auch wenn das ein Essen ist, was Sie für nicht so gesund oder lecker erachten. So fühlt es sich ernst genommen und beachtet. Wenn möglich, kochen Sie gemeinsam. Schon kleine Kinder können mit Hilfestellung und einem nicht zu scharfen Messer Gemüse kleinschneiden. So lernen sie frühzeitig verschiedene Gemüsesorten und ihr Aussehen kennen. Sie werden merken, dass Ihr Kind begeistert mithilft und alles probieren möchte. Lassen Sie es diese Erfahrungen machen – erklären Sie ihm, dass zum Beispiel Zwiebeln, Knoblauch oder Kartoffeln roh nicht ganz so gut schmecken wie später im Essen und dass es rohes Fleisch nicht probieren darf. Ihr Kind wird bei einem selbst gekochten Essen bestimmt nicht so viel meckern wie bei einem, an dem es komplett unbeteiligt war. Der Stolz über die eigenen Leistungen siegt in der

Regel, und Ihr Kind freut sich darauf, beim nächsten Mal wieder helfen zu dürfen.

Tipp 2: Erst Obst, dann Weingummi

Und noch ein kleiner Trick: Nach dem Mittag- und Abendessen gibt es einen Obstteller. Von diesem Obstteller muss jedes Kind mindestens ein Stück Obst essen, wenn es später eine kleine Süßigkeit haben möchte. Hierbei handelt es sich dann um ein Gummibärchen, ein Stück Schokolade oder ein Kaubonbon. Keinen ganzen Schokoriegel!

Vom Gemüsemuffel zum Gemüsefan

Haben Sie auch das Problem, dass Ihr Kind am liebsten gar kein Gemüse essen möchte oder nur im bis zur Unkenntlichkeit pürierten Zustand? Fast alle Eltern haben phasenweise mit diesem Thema zu kämpfen. Es gibt kleine Tricks, wie Sie Ihrem Kind Gemüse schmackhaft machen können.

 So verführen Sie Kinder zum Gemüseessen

- Schneiden Sie Gurke, Paprika & Co. in handliche Streifen, mischen Sie aus Joghurt und verschiedenen Gewürzen einen Dip, den Sie von Ihrem Kind abschmecken lassen können, und servieren Sie das Gemüse gemeinsam mit dem Dip. Das finden die meisten Kinder total toll. Sollte Ihr Kind kein Fan von Gewürzen sein, können Sie aus Joghurt und Ketchup einen Dip anrühren, der den meisten Kindern gut schmeckt.

- Wenn Sie die Möglichkeit haben, pflanzen Sie gemeinsam mit Ihrem Kind auf dem Balkon oder im Garten Gurken, Möhren oder Ähnliches. Es wird Ihrem Kind Spaß machen zu sehen, wie aus dem Samenkorn langsam ein kleines Pflänzchen wächst, welches immer größer wird, bis man es schließlich ernten kann. Ihr Kind kann fast täglich den Fortschritt beobachten und wird sein selbst gezogenes Gemüse probieren wollen.

- Sollte Ihr Kind trotz aller Bemühungen kein oder fast kein Gemüse essen wollen, ist es wichtig, dass es viel Obst isst, um seinen täglichen Vitaminbedarf zu decken.

- Versuchen Sie doch mal beim Abendessen, ein „Gemüsegesicht" zu basteln: Dazu nehmen Sie eine Scheibe Brot, Frischkäse oder Quark und zahlreiche gewaschene und kleingeschnittene Gemüsestückchen (Karotten, Paprika, Radieschen, Gurke, Tomaten und etwas Petersilie und Schnittlauch für die Haare und den Bart). Dann ist die Aufgabe eines jeden Familienmitgliedes, das schönste Gemüsegesicht auf eine Scheibe Brot zu basteln. Danach wird der Gewinner gemeinsam ausgewählt und prämiert. Er darf dann ein Brot seiner Wahl verspeisen.

Gesunde Ernährung schon bei den Kleinsten

Mit kleinen Tricks bringen Sie Ihr Kind dazu, auch Gesundes gerne zu essen.

So wird Ihr Kind zum Schleckermäulchen

■ Es ist gar nicht schwer, aus langweiligen, gesunden Lebensmitteln etwas Tolles, Buntes zu zaubern. Zum Beispiel kann sich ein Stück Brot in ein Herz, einen Stern oder Ähnliches verwandeln, indem Sie es mit einer Plätzchenform ausstechen. Und der Käse bzw. die Scheibe Wurst gleich dazu.

■ Beim Kochen und Backen lassen Sie sich ruhig von Ihrem Kind helfen. Aber nur, wenn Sie die Zeit und Ruhe dafür haben. Es nutzt Ihnen beiden nichts, wenn Sie schon den nächsten Termin im Kopf haben und alles sehr schnell gehen muss. Wie wäre es mit dem Sonntag? Dieser Tag ist oft ruhiger und bietet mehr Zeit für solche Aktionen. Kleine Kinder helfen gerne in der Küche. Nutzen Sie diese Freude am Helfen und das Interesse am Zubereiten von Lebensmitteln! Ob beim Schneiden des Gemüses, beim Teigkneten, beim Milchabmessen, beim Mehlwiegen oder beim Supperühren – es gibt immer etwas zu tun. So erlernt Ihr Kind hauswirtschaftliche Tätigkeiten, mathematische Fähigkeiten – wie Liter abmessen oder Gramm auswiegen – und selbstständig zu arbeiten. Sie werden erleben, dass es viel mehr Freude am Essen finden wird, wenn es selbst mitkochen oder -backen durfte.

■ Lassen Sie Ihr Kind sich selbst das Essen auf den Teller legen. Wenn es eine kleine Portion ist, kann es sich danach noch einmal etwas nachnehmen. Wenn es schon satt ist, können Sie es loben, dass es alles aufgegessen hat. Loben ist wichtig und Essen soll Spaß machen!

Abendessen

Manchmal kann das Abendessen zu einem Kampf zwischen Eltern und Kindern werden. Mal hat Ihr Schatz noch keinen Hunger, mal gibt es nicht das Richtige zu essen, mal will das Kind lieber spielen. Und ruckzuck droht die Situation bei Tisch zu eskalieren: Die Eltern brüllen, das Kind weint – guten Appetit! Was sollen Sie da als gestresste Eltern am besten tun?

Tipp 1: Essen als Ritual

Die ideale Lösung gibt es nicht, denn jedes Kind und jede Familie sind anders. Wichtig ist, dass Sie beim Abendessen ein festes Ritual haben. Das heißt, dass das Abendessen unter der Woche nach demselben Schema abläuft. Natürlich darf es in den Ferien oder zu anderen besonderen Anlässen ruhig auch mal Ausnahmen geben.

Legen Sie eine Uhrzeit für das Abendessen fest, zum Beispiel 18.30 Uhr, und sagen Sie Ihrem Kind fünf bis zehn Minuten vor dem Essen Bescheid. Dann hat es genügend Zeit, sein Spiel zu beenden und sich die Hände zu waschen. Eine nette Idee ist auch einen Gong oder eine Glocke als Signal: So weiß Ihr Kind, wenn es den Ton hört, dass das Abendessen fertig ist und es zu Tisch kommen soll. Schon nach einigen Tagen wird Ihr Kind auf das Signal warten oder es selbst geben wollen. Wichtig ist, dass Sie sich als Eltern auch an das Signal halten und beispielsweise nicht erst noch die Sportschau zu Ende schauen.

Tipp 2: Letzte Chance

Sollte Ihr Kind das Essen trotz allem verweigern, klären Sie es darüber auf, dass es, wenn es vom Tisch aufsteht, nichts anderes mehr zu essen bekommt. Sollte es dann trotzdem nicht essen wollen, bleiben Sie aber unbedingt konsequent und lassen Sie es diese Erfahrung machen. Bestehen Sie trotzdem darauf, dass es am Tisch sitzen bleibt, bis alle aufgegessen haben. Geben Sie ihm auf keinen Fall die Auswahlmöglichkeiten „Spielen" oder „Essen", sehr wahrscheinlich wird es sich trotz des Hungers für das Spielen entscheiden.

Süßigkeiten

Kinder lieben Süßigkeiten! Aber Süßigkeiten gehören nicht zu den gesündesten und geeignetsten Lebensmitteln. Viele Eltern versuchen, die eigenen Kinder so lange wie möglich von Süßigkeiten fernzuhalten, denn sobald Kinder einmal entdeckt haben, dass es diese gibt, sind sie in der Regel ganz heiß darauf, mehr zu bekommen.

Süßigkeiten an sich sind nicht schädlich. In großen Mengen sind sie aber nicht gut für Ihr Kind! Die Zähne werden geschädigt und Ihr Kind bekommt viel zu viel Zucker und Fette, die der Körper nicht verwerten kann.

Wichtig ist ein gesunder und vernünftiger Umgang mit Süßigkeiten. Diese ganz aus der eigenen Wohnung zu verbannen, ist meist nicht die beste Lösung.

Tipp: So behalten Sie die Süßigkeitenkontrolle

Gehen Sie mit Ihrem Kind gemeinsam einkaufen und lassen Sie Ihr Kind aussuchen, welche Süßigkeiten es gerne mag. Zu Hause können Sie zusammen eine kleine Dose für eine Woche befüllen. Ihr Kind sagt, was es gerne in diese Dose legen möchte, aber Sie bestimmen die genaue Menge – nicht mehr als eine Kleinigkeit pro Tag (zum Beispiel zwei Weingummis, ein Stück Schokolade). Diese Dose stellen Sie an einen Ort, den Ihr Kind selbst erreichen kann. Sprechen Sie mit ihm ab, dass direkt vor dem Essen nichts aus der Dose rausgenommen werden darf und dass die Dose erst nach Ablauf der Woche neu befüllt wird. Ansonsten überlassen Sie Ihrem Kind selbst die Kontrolle über die Dose. In der ersten Woche kann es sein, dass es alle Süßigkeiten auf einmal aufisst. Mit der Zeit wird Ihr Kind lernen, sich die Süßigkeiten einzuteilen.

Das Frühstück kommt wieder aus dem Kindergarten zurück

Welche Eltern kennen nicht das Problem, dass das in den Kindergarten mitgegebene Frühstück unversehrt oder nur angeknabbert wieder mit nach Hause gebracht wird. Vielleicht befürchten Sie, dass Ihr Kind den Tag hungrig im Kindergarten verbracht hat, oder Sie ärgern sich über die Arbeit und die Verschwendung, weil Sie die Reste wegschmeißen müssen.

Kinder vergessen im Spiel oft, etwas zu essen. Machen Sie sich keine allzu großen Gedanken, sie würden von selbst daran denken zu essen, wenn sie ganz großen Hunger bekämen. Es kann auch daran liegen, dass Kinder schon vor dem Kindergarten zu Hause gemeinsam mit der Familie frühstücken und dann einfach keinen Hunger mehr verspüren. In diesem Fall sollten Sie gemeinsam mit Ihrem Kind überlegen, ob es auf die Brotzeit in der Kita verzichten möchte oder ob Sie vielleicht einfach nur etwas Obst mitgeben.

Mehr Spaß beim Essen

Manchmal fühlen sich Kinder von dem mitgegebenen Frühstück nicht angesprochen. Beziehen Sie Ihr Kind mit ein, wenn Sie das Frühstück für den Kindergarten zubereiten. Oder machen Sie mal eine geheimnisvolle Überraschung aus dem Frühstück: Schneiden Sie das Brot in lustige Formen, schnitzen Sie Möhren- oder Gurkensterne oder fertigen Sie abwechslungsreiche Obstspieße. Es gibt viele Möglichkeiten. Fragen Sie Ihr Kind später, wie das Frühstück war. Sie werden merken, dass es ganz stolz auf dieses tolle Frühstück war.

Restaurantbesuch

Stresst es Sie schon im Vorfeld, wenn Sie gemeinsam mit Ihrem Kind in ein Restaurant gehen müssen? Dieser Stress muss nicht sein! Überlegen Sie, was Sie denn genau am Restaurantbesuch stresst. Denn meist ist es nicht Ihr Kind, was den Stress auslöst, sondern es sind die Gegebenheiten vor Ort. In vielen Restaurants ist kaum Platz, um mit einem Kinderwagen oder Buggy zwischen den Tischen entlangzufahren, oder es gibt keine Wickelmöglichkeiten, keine kindgerechten Speisen und Getränke. Haben Sie schon vorher Angst, dass Ihr Kind die anderen Gäste stören könnte, weil es schreit, laut ist oder herumläuft? Oder befürchten Sie, dass Sie keine Möglichkeit haben, sich mit Ihren Freunden oder Bekannten zu unterhalten, weil Ihr Kind die volle Aufmerksamkeit benötigt?

So wird der Restaurantbesuch für alle zum entspannten Erlebnis

- Wählen Sie das Restaurant mit Bedacht aus. Es gibt viele kinderfreundliche Restaurants, die eine Spielecke haben oder bei denen Kinder bei schönem Wetter draußen spielen, während die Erwachsenen sich in Ruhe unterhalten können. Wenn Sie nicht sicher sind, ob es in dem Restaurant eine Spielecke gibt, nehmen Sie etwas zu malen oder andere kleinere Spielsachen für Ihr Kind mit, damit es sich zwischendurch beschäftigen kann.

- Bestellen Sie Ihrem Kind direkt bei der Getränkebestellung das Essen mit, damit es als Erstes etwas bekommt. Kinder essen in der Regel viel langsamer als die Erwachsenen und ein Kind, das lange warten muss, könnte zu einem ungeduldigen Kind werden.

- Akzeptieren Sie, dass Ihr Kind sich wie ein Kind benimmt, auch in einem Restaurant. Erwarten Sie nicht, dass es stundenlang still neben Ihnen sitzen bleibt. Das wäre untypisch für ein Kind und somit würde diese Erwartung nur enttäuscht werden. Auch wenn Ihrem Kind ein Missgeschick passiert und es das Getränk aus Versehen umkippt oder Essen auf dem Boden landet, bleiben Sie ruhig und gelassen. Oder ist Ihnen so etwas noch nie passiert? Ihr Kind befindet sich in einer ungewohnten Umgebung, da passieren nun einmal Missgeschicke!

Diese Dinge können Sie von Ihrem Kind erwarten

- Ihr Kind kann lernen, dass man sich bemüht, geräuschlos zu essen. Erklären Sie ihm, dass es unhöflich ist, lautstark zu schmatzen, und dass es andere Menschen stören kann.
- Kinder können lernen, dass man im Restaurant nicht rumbrüllen und herumrennen soll.
- Dass man nicht alles mit Fingern essen darf, sollten Kinder schon von zu Hause kennen.

Auswärtsessen trainieren

Üben Sie das Auswärtsessen mit Ihrem Kind. Erzählen Sie ihm, dass Sie schön essen gehen wollen und es sich schick anziehen darf. Erklären Sie ihm, dass es im Restaurant einiges beachten muss, was zu Hause vielleicht nicht ganz so wichtig ist. Machen Sie Ihrem Kind klar, dass Sie testen wollen, ob Ihr Kind schon „groß genug" für einen Restaurantbesuch ist. Kinder wollen für fast alles „groß genug" sein. Wahrscheinlich wird Ihr Kind sich dann unheimlich bemühen, alles richtig zu machen. Sie können zu Hause mal mit der gesamten Familie Restaurant spielen, mit Tischdecke, Stoffservietten etc. Kinder haben Spaß dabei! Je häufiger Sie das trainieren, desto einfacher wird es, dass Ihrem Kind die Abläufe in einem Restaurant geläufig sind und dass das Auswärtsessen nichts Fremdes mehr ist.

Welches Geschirr und Besteck in welchem Alter?

Wenn Kleinkinder anfangen zu essen, kommt schnell die Frage nach dem richtigen Geschirr auf. Auf jeden Fall sollte es in den ersten Jahren bruchsicher sein, da Kindern zu Beginn immer noch das ein oder andere Missgeschick geschieht bzw. Kinder gerne mal austesten, was passiert, wenn sie den vollen Teller auf den Boden werfen.

Wenn Ihr Kind anfängt, selbst zu essen, sollten Sie Teller oder Schüsseln mit etwas höherem Rand wählen, da es dann leichter fällt, das Essen auf den Löffel oder die Gabel zu bekommen. Zu Beginn ist es einfacher, speziell geformtes Kinderbesteck zu verwenden, welches auf die noch etwas „wackelige" Hand-Mund-Koordination ausgerichtet ist. Bei dem Besteck sollte man immer darauf achten, dass es keine zu scharfen Kanten hat, mit denen sich Kinder leicht verletzen könnten.

Ab dem Kindergartenalter können Sie in der Regel auf spezielles Kindergeschirr und -besteck verzichten, denn in dem Alter sollten Kinder die Hand-Mund-Koordination langsam beherrschen. Auch kann langsam der Gebrauch des Messers trainiert werden, zu Beginn noch mit viel Hilfestellung, aber auch das wird irgendwann reibungslos funktionieren.

Geburtstag feiern

Wenn Ihr Kind im Kindergarten ist, wird es irgendwann miterleben, dass andere Kinder ihren Geburtstag groß feiern und dazu andere Kinder einladen. Es ist normal, dass Ihr Kind den Wunsch äußern wird, ebenfalls einen richtigen Kindergeburtstag zu feiern. Am schönsten und individuellsten ist einer, der zu Hause gefeiert wird. So kann die Feier komplett auf die Bedürfnisse des Kindes ausgerichtet werden. Manche Familien haben nicht ausreichend Platz, um zu Hause zu feiern. Da besteht die Möglichkeit – wenn das Wetter es zulässt –, einen tollen Abenteuergeburtstag im Wald oder im Park zu feiern. Wer auf ein größeres Budget zugreifen kann, geht in einen Indoorspielplatz oder ein Schwimmbad. Häufig werden organisierte Kindergeburtstage angeboten.

Wenn Sie das erste Mal einen Kindergeburtstag organisieren, halten Sie sich an folgenden Ablauf:

- Geschenke auspacken
- Kuchen essen
- spielen (Ideen dazu finden Sie im Internet)
- eventuell eine kleine Basteleinheit
- Abendessen

Mitentscheidend für einen gelungenen Kindergeburtstag sind die Wahl des Essens, ausreichend Süßigkeiten und Kindermusik. Achten Sie beim Kindergeburtstag nicht unbedingt darauf, dass die Kinder sich gesund ernähren. Ein solches Fest ist eine Ausnahmesituation. Schokokusstorte und Pommesberge gehören ganz klar dazu. Besprechen Sie vorher gemeinsam, was es sich zu Essen für seine große Feier wünscht – Ihr Kind ist die Person, die glücklich gemacht werden sollte. Je nachdem, welches Geburtstagsthema

(Pirat, Prinzessin, Dinosaurier etc.) sich Ihr Kind wünscht, könnte man gemeinsam mit den Kindern eine Kleinigkeit zu dem Thema basteln, die sie später mit nach Hause nehmen können.

Inzwischen ist es gang und gäbe, den Besuchskindern zum Ende eines Kindergeburtstages ein kleines Geschenktütchen mitzugeben. Planen Sie dies mit ein. In der Regel sind es Süßigkeiten, manchmal werden Sticker, Tattoos oder andere Kleinigkeiten mit eingepackt und verteilt.

Geschenke – was und wie viele?

Zu Weihnachten und Geburtstagen werden die meisten Kinder reichlich beschenkt. Erfahrungsgemäß bekommen Kinder heutzutage viel zu viele Geschenke, die zum Teil gar nicht altersgemäß sind.

Vielleicht haben Sie selbst schon einmal gemerkt, dass Ihr Kind an Weihnachten ein Geschenk nach dem anderen aufreißt und zum Schluss völlig überfordert ist, da es gar nicht weiß, womit es zuerst spielen soll. Natürlich möchten Sie als Eltern Ihrem Kind zu diesen besonderen Anlässen seine Wünsche erfüllen. Oft kommen noch die Geschenke von den Großeltern, anderen Verwandten, Freunden, Paten oder Nachbarn dazu. Das Schenken an sich ist etwas Tolles und Sie freuen sich sicher darüber, dass Ihrem Kind so viel Freude bereitet wird. Aber schauen Sie ein paar Wochen nach der Geschenkflut, ob Ihr Kind dann mit allen Sachen spielt.

Tipps gegen die große Geschenkeflut

- Überlegen Sie sich mit den Verwandten, ob Sie dem Kind eine große Sache gemeinsam schenken können. Vielleicht schenken Sie aber auch etwas, bei dem die Geschenke alle zusammengehören. Das kann für Jungen eine Parkgarage als Hauptgeschenk sein, zu dem es noch diverse Autos und sonstiges Zubehör gibt. Mädchen freuen sich vielleicht über eine Puppe mit Kleidung und Schmuck. Somit hat Ihr Kind später nicht viele unterschiedliche Spielsachen, mit denen es gar nicht spielt, sondern lauter Dinge, die alle zusammengehören und deswegen vielleicht mehr Freude bereiten.

- Verteilen Sie die Geschenke nicht nur auf Weihnachten und die Geburtstage. Kleinigkeiten können Sie Ihrem Kind zwischendurch schenken, wenn es zum Beispiel sehr krank ist und längere Zeit zu Hause bleiben muss. Dann freut es sich sicher über ein schönes Buch oder ein Spiel. Oder wenn Sie gemeinsam im Kinderzimmer alte Spielsachen aussortieren, um sie weiter zu verschenken oder zu verkaufen, könnten Sie festlegen, dass es sich im Gegenzug eine Kleinigkeit im Spielzeugladen aussuchen darf.

- Schenken Sie oder die Verwandten nicht nur Spielsachen, sondern gerne auch etwas wie eine gemeinsame Aktivität, zum Beispiel einen gemeinsamen Zoobesuch oder Ähnliches. Gemeinsam verbrachte Zeit ist heutzutage meist sehr kostbar und deshalb umso bedeutender.

Wichtig: Behalten Sie immer im Kopf, dass Ihr Kind Sie nicht lieben wird, weil Sie ihm viel schenken!

Silvester: Krach, Knaller und Partylaune

Sobald man Kinder hat, ist die Silvesterparty gar nicht mehr oder nur noch eingeschränkt möglich. Das denken Sie, aber in der Realität gibt es doch viele Möglichkeiten, weiterhin zu feiern.

In der Regel schlafen Kinder um Mitternacht tief und fest, von daher können Sie als Eltern ohne Probleme außer Haus (wenn das Kind durch jemand anderen betreut ist) oder mit Freunden bei sich zu Hause in das neue Jahr hineinfeiern. Ab einem gewissen Alter können Sie Ihr Kind auch einfach mitfeiern lassen, wahrscheinlich schläft es sowieso ein, bevor es richtig losgeht, aber so hat es wenigstens das Gefühl, mit von der Partie zu sein.

So wird Ihre Silvesterparty für Ihr Kind ein Knaller

- Feiern Sie gemeinsam mit Freunden zu Hause. Vielleicht haben die Freunde auch ein Kind, das sie dann gerne mitbringen können. Lassen Sie die Kinder erst einmal mitfeiern und gestalten Sie den Abend kindgerecht. Das heißt, Sie könnten mit den Kindern zusammen Bleigießen, Scharade spielen, Schokoladenfondue machen etc. Erklären Sie Ihrem Kind im Vorfeld, dass es um Mitternacht ein Feuerwerk gibt. Vielleicht können Sie „Kinderfeuerwerk" besorgen mit Knallteufeln und Tischknallern. Sollten Sie schon weit vor Mitternacht merken, dass Ihr Kind müde ist und sich nur krampfhaft wegen des Feuerwerks auf den Beinen hält, könnten Sie ihm auch schon vorher sagen, dass es gleich soweit ist. Zählen Sie wie um

Mitternacht, zünden Sie das Tischfeuerwerk, lassen Sie Ihr Kind ein paar Knallteufel werfen und zünden Sie als Eltern vielleicht noch eine richtige Rakete. Dann kann Ihr Kind glücklich und zufrieden ins Bett gehen und Sie können noch weiterfeiern.

■ Irgendwann ist bei jedem Kind das Alter gekommen, in dem es ohne Probleme schafft, auch mal bis Mitternacht durchzuhalten. Vielleicht mag Ihr Kind zu Silvester einen Freund oder eine Freundin einladen. Gestalten Sie auch dann den Abend altersgerecht – für die Kinder natürlich ohne Alkohol! Achten Sie auch in diesem Fall darauf, dass das Feuerwerk sicher ist, das heißt, dass die Kinder nur altersgerechte Knaller und unter Aufsicht selber zünden dürfen und die großen Raketen nur von Ihnen mit ausreichend Abstand gezündet werden.

Extratipps zu Silvester

■ Schützen Sie Ihre Kinder und deren Gehör vor überraschendem Lärm. Bedenken Sie, dass immer wieder mal Knaller schon vor 24 Uhr gezündet werden.

■ Klären Sie Ihre Kinder über den Brauch der Knallerei zu Silvester auf. So verbinden Sie mit der „Vertreibung der bösen Geister" und der Begrüßung des neuen Jahres etwas Positives und haben keine Angst, wenn sie selber auch mit Knallerbsen Krach machen dürfen.

■ Schärfen Sie Ihrem Kind ein, am Neujahrstag auf keinen Fall irgendwelche „Blindgänger" zu sammeln oder diese anzuzünden.

Knigge & Co.

Gutes Benehmen öffnet Tür und Tor. Natürlich darf es an Ihrem Esstisch etwas legerer zugehen als in einem Fünfsternerestaurant. Einfache Regeln können aber auch die Kleinen schon lernen.

Schlechtes Benehmen, unangemessenes Benehmen

Jede Familie muss für sich erst einmal definieren, was schlechtes oder unangemessenes Benehmen ist. Was für den einen total daneben ist, ist für den anderen manchmal vollkommen in Ordnung. Wenn Sie als Eltern für sich definiert haben, was erwünschtes und was unerwünschtes Verhalten ist, sollte dieses für alle Familienmitglieder klar und ersichtlich sein.

Entscheidend ist, dass gerade beim Thema „Gutes Benehmen" Sie als Eltern mit gutem Vorbild vorangehen. Wie soll Ihr Kind wissen, wie es sich bei Tisch benehmen soll, wenn Sie es ihm nicht zeigen?

Sollte Ihr Kind sich jedoch trotzdem so schlecht benehmen, dass es vollkommen unakzeptabel ist (unangemessene Wörter nutzen, mit Essen spielen oder Sauereien am Tisch veranstalten), dann drohen Sie Ihrem Kind damit, dass es den Raum verlassen muss. Sollte es nicht damit aufhören, dann müssen Sie Ihr Kind auch konsequent des Zimmers verweisen, mit dem Hinweis, dass es wieder kommen darf, wenn es sich besser benimmt. Sie sollten Ihrem Kind immer Auswahlmöglichkeiten anbieten, damit es das Gefühl hat, den weiteren Verlauf mitzuentscheiden.

Loben Sie Ihr Kind aber auch immer wieder, wenn es sich vorbildlich (nicht nur bei Tisch) benimmt. Leben Sie die guten Manieren vor! Das gilt natürlich auch für die Sprache: Und das beginnt schon bei einem freundlichen Umgangston und „Danke" und „Bitte"!

Denken Sie daran, es geht nicht darum, das Kind zu „dressieren". Gute Umgangsformen erleichtern Ihrem Kind das Miteinander mit anderen Menschen und Kindern.

Kinder-Knigge – die ersten „Guten Manieren"

Fast alle Eltern wollen ihren Kindern für ihr späteres Leben Höflichkeit und gutes Benehmen mit auf den Weg geben und wünschen sich, dass die Kinder bei Tisch nicht rumhampeln und kleckern, den Eltern nicht ins Wort fallen und die Worte „Bitte" und „Danke" ganz selbstverständlich benutzen. Das kann Ihr Kind bereits ab drei Jahren lernen!

 Vier Benimmregeln, die Ihr Kind schon früh versteht

- **„Bitte" und „Danke"**: Wenn Sie diese Worte bei der Kommunikation mit Ihrem Kind und untereinander verwenden, lernt Ihr Kind sie sehr schnell. Besonders, wenn es mit einem „Bitte" viel schneller einen Wunsch erfüllt bekommt.

- **„Entschuldigung"**: Wenn Sie Ihr Kind aus Versehen umgerannt, ihm wehgetan oder ihm anderes Unrecht angetan haben, sollten Sie sich sofort entschuldigen und dabei auch das Wort „Entschuldigung" verwenden. Erklären Sie, dass ein „Entschuldige bitte" oder „Entschuldigung" bedeutet, dass es einem Menschen leidtut, was er getan hat. Und dass sich der andere Mensch dann in der Regel auch etwas besser fuhlt.

- **Ausreden lassen:** Lassen Sie Ihr Kind nach Möglichkeit immer ausreden. Es soll lernen, zuzuhören und einer anderen Person, wenn diese etwas erzählt, nicht ins Wort zu fallen. Erklären Sie, dass es selbst bestimmt auch möchte, dass die Eltern zuhören, wenn es etwas erzählt.

- **Ein völliges Tabu sollten Schimpfwörter sein!** Verbannen Sie gemeinsam alle Schimpfwörter aus Ihrem elterlichen Sprachschatz! Gerade bei diesen Wörtern ist die Vorbildfunktion nicht zu unterschätzen! Und wann immer Ihr Kind ein Schimpfwort bei Dritten aufgeschnappt hat, erklären Sie ihm, dass dies keine schönen Worte sind und Sie sie nicht hören möchten. Unterstreichen Sie dieses mit ernster Miene und schmunzeln Sie nicht über neue Schimpfwörter.

Bei Tisch

Irgendwann hat man als Eltern genug von Essensresten, die Tischdecke, Kleidung und den Fußboden zieren. Doch wie bringen Sie Ihren Kindern am besten Tischmanieren bei?

Wenn Ihr Kind immer wieder das Essen auf den Boden wirft, ermahnen Sie es erst und sagen Sie ihm, dass Sie das Essen wegnehmen, wenn es weitermacht. Wenn dies nicht verstanden wird und das Essen immer wieder auf dem Boden landet, müssen Sie Ihr Kind zur Not wieder füttern. Da es von seiner Entwicklung her in einer Phase sein wird, in der es alles alleine machen will, wird spätestens dies irgendwann auslösen, dass die Mahlzeiten dort bleiben, wo sie hingehören – auf dem Teller.

Sollte Ihr Kind mit dem Essen spielen, teilen Sie ihm deutlich mit, dass das Essen beendet ist, wenn es nicht aufhört. Wenn es daraufhin wieder damit anfängt, sollten Sie das Essen wegnehmen und erst zu einem späteren Zeitpunkt wieder anbieten. Schon früh können Kinder lernen, dass bestimmte Verhaltensmuster Konsequenzen haben, dafür müssen Sie als Eltern aber konsequent sein.

Generell können sich auch die kleinen Kinder schon an diese einfachen Regeln halten:

- Vor dem Essen Hände waschen.
- Besteck benutzen – je nach Fingerfertigkeit auch schon das Messer.
- Nicht mit dem Stuhl kippeln.
- Nicht mit vollem Mund sprechen.

Bei den gemeinsamen Mahlzeiten können Sie bei Kindern ab vier Jahren bereits erwarten, dass sie bis zum Ende der Mahlzeit am Tisch sitzen bleiben.

Ups, ein Pups!

Nasepopeln, rülpsen und pupsen sind ganz natürliche Dinge, die jeder Mensch tut. Erwachsene haben es meist gelernt, diese Dinge nicht in Gesellschaft anderer zu machen, da es sich einfach nicht gehört.

Kinder popeln, wenn es in der Nase juckt, und lassen sich davon nicht abhalten. Vielleicht haben Sie Ihr Kind schon beim genüsslichen minutenlangen Popeln inmitten anderer Menschen beobachtet und sich in Grund und Boden geschämt. Dasselbe ist mit dem Rülpsen und Pupsen. Kinder lassen es im wahrsten Sinne des Wortes direkt raus, wenn es kommt. Im Prinzip ist das gut so, denn wenn man es ständig unterdrückt, ist das ungesund. Schöner wäre es natürlich, wenn Kinder sich dafür kurz zurückziehen würden.

Sagen Sie zu Ihrem Kind „Lass das", „Das macht man nicht" oder „Igitt"? Damit haben Sie Ihrem direkten Impuls nachgegeben. Haben Sie Ihrem Kind einmal erklärt, warum es nicht schön ist, diese Dinge vor anderen zu machen? Erklären Sie, dass Pupse stinken und dass rülpsen und popeln andere ekeln könnte. Erklären Sie Ihrem Kind, was Sie machen, wenn Sie popeln, pupsen oder rülpsen müssen, denn Sie würden lügen, wenn Sie sagen würden, dass Sie das nie tun. Überlegen Sie mit Ihrem Kind, ob Ihre Strategien für Ihr Kind machbar sind, oder ob es anders handeln möchte. Wichtig ist immer, dass Sie vermitteln, dass das ganz normale Dinge sind und dass sie zu jedem Menschen dazugehören. Dass es aber Dinge sind, die man zu Hause und für sich alleine macht und dass daran nicht jeder teilhaben möchte.

Sauber und gesund

Kinder sind kleine Dreckspatzen. Nichts ist toller, als im Matsch zu spielen. Leider reicht es nicht, durch Pfützen zu hüpfen, um sauber zu werden. Für Kinder stellt sich da die Frage: Was ist schlimmer – ein Bad oder ein Arztbesuch?

Wasch deine Hände!

Händewaschen ist wichtig. Das wissen Sie. Ihr Kind wird das sehr wahrscheinlich anders sehen. Vielleicht sagt es Ihnen auch, dass sie doch gar nicht dreckig sind.
Wenn Sie von klein auf beginnen, die Hände zu bestimmten Anlässen zu waschen, wird Ihr Kind das wahrscheinlich irgendwann von ganz alleine machen.

Dann sollte sich Ihr Kind Hände waschen

- nach dem Toilettenbesuch
- vor dem Essen
- vor dem Kochen
- wenn es von draußen in die Wohnung kommt
- wenn es sein Haustier oder ein Tier gestreichelt hat
- nach dem Malen mit Wasser- oder Fingerfarbe

Erklären Sie Ihrem Kind, warum man sich überhaupt die Hände waschen muss. Wichtig ist, dass Sie es ihm vorleben, denn wenn Sie es nicht machen, wird Ihr Kind bestimmt nicht verstehen, warum es selbst dazu angehalten wird.

Ab in die Wanne

Die meisten Kinder sind kleine Stinktiere, die nicht viel von regelmäßiger Körperhygiene halten. Vielleicht haben Sie auch ein solches Exemplar zu Hause, das recht ungern in die Badewanne oder unter die Dusche geht. Seien Sie sich sicher, Sie sind mit diesem Problem nicht alleine. Kinder verstehen einfach nicht, warum man sich regelmäßig duschen oder baden soll. Ihre Interessen liegen eher im Spielen.

Denken Sie daran, dass Kinder nicht ganz so häufig baden oder duschen müssen, da sie noch nicht bzw. nur wenig schwitzen. Wenn Ihr Kind sich nicht dreckig macht, reicht ein- bis zweimal die Woche aus, neben der täglichen Routinehygiene.

Tipp 1: Erst einmal klären, ob es ein Problem gibt

Fragen Sie zuerst Ihr Kind, aus welchem Grund es nicht gerne badet oder duscht. Vielleicht haben Sie dann schon eine Lösung für das Thema gefunden.

Tipp 2: Spielzeug darf mit

Wenn nicht, müssen Sie die Wäsche besonders attraktiv gestalten. Lassen Sie zum Beispiel Spielzeug mit in die Badewanne nehmen. Vielleicht kann es in der Badewanne die eigene Babypuppe baden oder ein Boot mit Männchen, welche dann Schiffbruch erleiden können, schippern lassen. Die Spielmöglichkeiten in der Badewanne sind groß.

Tipp 3: Wasserfarben & Co.

Zu besonderen Anlässen können Sie Ihr Kind in der Badewanne mit Wasserfarbe und einem Pinsel bewaffnen und sich selbst anmalen lassen, oder Sie malen es schön an. Wenn Ihr Kind noch sehr klein ist, gehen Sie gemeinsam mit ihm in die Badewanne und malen Sie sich gegenseitig an, ein solches Erlebnis wird Ihr Kind noch lange im Kopf behalten. Die Wasserfarben lassen sich ganz einfach mit klarem Wasser wieder abwaschen.

Duschen: Wenn's mal schnell gehen soll

Es gibt Kinder, die finden es herrlich, unter der Dusche zu stehen und mit dem Wasser zu spritzen, aber die meisten machen ein Riesentheater, wenn sie unter die Dusche gehen sollen.

Tipp 1: Gemeinsam duschen

Gehen Sie gemeinsam mit Ihrem Kind unter die Dusche und lassen Sie sich von ihm selber ruhig mal richtig nassspritzen. Es wird dabei einen Mordsspaß haben und vielleicht merken, dass Duschen auch was Lustiges sein kann.

Tipp 2: Machen Sie die Dusche zur Wanne

Lassen Sie in die Duschwanne Wasser laufen wie in einer Badewanne und machen Sie ordentlich Schaum. Die Duschwanne reicht für Kleinkinder vollkommen aus, um darin

Spaß zu haben. Oft sind das Geräusch der Brause und der mangelnde Spaßfaktor das Problem beim Duschen. Geben Sie Ihrem Kind die Chance, nach Herzenslust in der Dusche zu spielen und herumzuplanschen. Haare waschen kann man auch mit einem Becher, wenn Ihr Kind Angst vor dem Geräusch der Brause hat.

Wichtig ist vor allem, dass Sie dem Kind zeigen, dass es in der Dusche Spaß haben kann. Für viele Kinder ist das Duschen Mittel zum Zweck, um sauber zu werden, Baden hingegen bedeutet sauber werden und dabei Spaß haben. Außerdem ist es ganz normal, dass Kinder (phasenweise) das Duschen ganz schrecklich finden. Machen Sie sich keine Gedanken darüber, dieses Problem haben alle Eltern.

Tipp 3: Duschkopf runterstellen

Da Kinder es häufig nicht mögen, wenn das Wasser direkt auf den Kopf prasselt, können Sie den Duschkopf einfach auf eine niedrigere Höhe, im Idealfall die Schulterhöhe, einstellen. Achten Sie auch auf die Stärke des Wasserstrahls und wählen Sie möglichst die weichste Einstellung aus.

Meine Haare wasch' ich nicht ...

Jeder kennt das Problem, dass Kinder einen panischen Anfall bekommen, wenn man nur erwähnt, dass es mal wieder an der Zeit ist, die Haare zu waschen. Als Eltern ist man, bevor der Duschkopf angestellt ist, am Ende der Geduld angekommen. Zuerst wird immer wieder diskutiert, ob die Haare beim Duschen nicht ausgelassen werden könnten und spätestens, wenn man mit der Brause in die Nähe des Kopfes kommt, geht das Theater los: Es wird geschrien, geweint, um sich geschlagen und versucht, mit Schaum in den Haaren aus der Dusche zu entkommen. Kinder führen sich auf, als ob man sie foltern würde. Meist fühlt man sich nach dieser Prozedur genau so, da manchmal nichts anderes hilft, als die Haare ohne Rücksicht auf Verluste abzubrausen.

Warum machen Kinder das und vor allem wie schafft man es, die Haare ohne Theater gewaschen zu bekommen?

 ### Tipps für eine entspannte Kopfwäsche

- Haben Sie Ihr Kind gefragt, was es an der Haarwäsche stört? Wenn nicht, dann tun Sie das. Vielleicht hat es Angst vor Schaum in den Augen oder davor, keine Luft mehr zu bekommen. Jedes Kind hat andere Gründe, warum es das Haarewaschen nicht mag. Wenn Sie es herausgefunden haben, können Sie nach einer Lösung suchen. Sollte Ihr Kind beispielsweise Angst vor Schaum in den Augen haben, halten Sie ihm einen Waschlappen über die Augen und sagen Sie ihm, dass, wenn es den Kopf so weit wie möglich nach hinten hält, nichts passieren kann. Hat Ihr Kind Angst vor dem Geräusch der Brause, dann spülen Sie nach dem Einschäumen die Haare mit einem Becher aus, das dauert zwar etwas länger – aber wenn es Ihrem Kind die Angst nimmt, ist das doch wunderbar. Lassen Sie Ihr Kind mitbestimmen, wann der richtige Zeitpunkt für die Wäsche ist. Möglicherweise möchte es sich selbst vorher mit Duschgel einschäumen und etwas mit dem Wasser spielen. Machen Sie ihm klar, dass die Haare auf jeden Fall gewaschen werden müssen, dass es aber selbst sagen darf: „Jetzt abbrausen bitte!"

■ Wählen Sie den Zeitpunkt des Duschens oder Badens gut aus. Versuchen Sie nicht, Ihr Kind übermüdet und quengelig unter die Dusche zu bekommen. Dann wäre der Ärger vorprogrammiert. Vielleicht treffen Sie die Absprache mit Ihrem Kind, dass nach dem Duschen oder Baden noch gemeinsam gespielt wird. Dann kann es sich auf etwas freuen.

Aua, das zieht

Kennen Sie das, dass die Haare Ihrer Tochter morgens aussehen, als ob ein Orkan durchgefegt wäre, und dass sich tausend kleine Knötchen gebildet haben? Glauben Sie nicht, dass das nur bei Ihrer Tochter so ist, fast alle Eltern werden von ähnlichen Problemen berichten. Gerade bei langen Haaren ist es wichtig, dass Sie sie zweimal am Tag gründlich kämmen. Aber das ist für alle Eltern eine große Herausforderung, da das nicht immer ohne Protest und Tränen gelingt.

Nur wie schaffen Sie es, diesen Kampf zu gewinnen, ohne Ihr Kind zu quälen?

 ### Tipps fürs Haarekämmen ohne Tränen

■ Wichtig ist es generell, dass Kindern regelmäßig die Haare geschnitten werden. Sie haben sicher bemerkt, dass das Haarekämmen kurz nach einem Friseurbesuch einfacher ist als davor. Außerdem ist eine haartypgerechte

Pflege wichtig. Lassen Sie sich ruhig von Ihrem Friseur beraten. Wenn Ihr Kind sehr trockene Haare hat, verwenden Sie zwischendurch Haarkuren. Wichtig ist es, den richtigen Kamm oder die richtige Bürste für die Haarpflege zu benutzen, dies kann die Haarpflege deutlich erleichtern.

- Lenken Sie Ihr Kind beim Haarekämmen ab. Bei manchen Kindern kann das ganz unproblematisch sein, während sie sich die Zähne putzen. Überlegen Sie, wovon sich Ihr Sprössling ablenken lässt, und probieren Sie es mal aus.
- Flechten Sie Ihrem Kind vorm Zubettgehen die Haare zu einem Zopf, dann sind die Haare morgens nicht mehr ganz so stark verknotet.

Hallo, Herr Doktor

Für viele Eltern und ihre Kinder bedeutet der Arztbesuch puren Stress. Kinder haben häufig Angst, weinen, wehren sich gegen die Untersuchungen und verhindern so, dass der Arzt seine Arbeit machen kann.

Tipp 1: Untersuchung auf dem Arm

Bei ganz kleinen Kindern ist es wichtig, sie in den Arm zu nehmen und ihnen das Gefühl der Geborgenheit und Sicherheit zu geben. Es lässt sich nicht vermeiden, dass der Arzt Ihr Kind untersucht. Er ist in der Regel ein Fremder für Ihr Kind, daher ist es normal, dass es etwas unsicher ist. Ein guter Kinderarzt kennt die Ängste seiner Patienten und wird darauf vorbereitet sein, dass die kleinen Patienten weinen. Er wird wahrscheinlich kein Problem damit haben, dass Sie Ihr Kind bei der Untersuchung im Arm halten, dadurch erleichtern Sie ihm ja seine Arbeit.

Tipp 2: Arzt spielen

Etwas größere Kinder können Sie gut spielerisch auf Arztbesuche vorbereiten. Kinder finden Rollenspiele spannend: Spielen Sie mit Ihrem Kind Arzt, lassen Sie es den Teddy oder die Puppe verarzten. Spielen Sie alle Schritte durch, die beim Arzt gemacht werden.

Tipp 3: Lernen in der Teddyklinik

Schauen Sie doch mal im Internet, ob es in Ihrer Nähe eine „Teddyklinik" gibt. Dort lernen die Kinder spielerisch den Umgang mit Ärzten und dem Krankenhaus. Wenn Sie einen Besuch planen, überlegen Sie gemeinsam mit Ihrem Kind, ob seine Puppe zum Beispiel Bauchschmerzen oder der Teddy einen gebrochenen Arm hat.

Aua-Pusten und was noch so hilft

Kleine Kinder fallen häufig hin oder stoßen sich, da sind Tränen programmiert – was tut man als Eltern am besten in diesen Situationen?

Tipp 1: Keine Panik übertragen!

Wenn Ihr Kind fällt oder stürzt, rennen Sie am besten nicht aufgeregt hin, denn durch Ihre Reaktion verunsichern Sie

Ihr Kind. Häufig sind kleinere Stürze für Kinder gar nicht schmerzhaft. Bleiben Sie am besten ruhig und reagieren Sie erst dann, wenn Ihr Kind zu weinen anfängt.

Tipp 2: Aua wegpusten

Bei vielen Kindern hilft es, das Aua wegzupusten oder auf die schmerzende Stelle zu küssen. Kinder wollen in ihrem Leid ernst genommen werden. Wenn Ihr Kind also von sich aus weint und sagt, dass ihm etwas weh tut, sollten Sie als Eltern immer darauf reagieren.

Tipp 3: Mit dem Gegenstand schimpfen

Sollte Ihr Kind sich zum Beispiel mit dem Kopf an der Tischkante gestoßen haben, schimpfen Sie übertrieben doll mit dieser und raten Sie ihr, das nicht noch einmal zu tun. In der Regel finden Kinder das so lustig, dass sie auch gleich anfangen, mitzuschimpfen und das Ganze meist in Gelächter endet und der Schmerz schnell vergessen ist.

Tipp 3: Lenken Sie Ihr Kind ab

Bei vielen Kindern hilft es, wenn Sie sich sehr wehgetan haben und bitterlich weinen, sie mit etwas ganz anderem abzulenken. Nehmen Sie Ihr Kind in den Arm und trösten Sie es. Wenn es nicht aufhören will zu weinen, gehen Sie mit ihm zum Beispiel in einen anderen Raum und versuchen Sie es abzulenken. Stellen Sie zum Beispiel eine Frage, für dessen Beantwortung es nachdenken muss. Dadurch vergisst Ihr Kind, an den Schmerz zu denken, und meist bleibt er dann vergessen.

Tipp 4: Ein Pflaster wirkt Wunder

Verwenden Sie auch bei kleinen Auas, bei denen eigentlich kein Pflaster notwendig ist, ruhig trotzdem eins. Legen Sie sich einen Vorrat an bunten Pflastern (zum Beispiel Piraten, Meerjungfrauen, Pferde) zu, aus denen sich Ihr Kind dann eines aussuchen darf. Meist ist es ganz stolz auf sein Pflaster und der Schmerz ist dabei schon vergessen.

Zähne putzen nicht vergessen!

Kinder zum ordentlichen Zähneputzen zu animieren, kann eine sehr nervenaufreibende Sache sein. Wenn sie ganz klein sind, putzen in der Regel noch Mama oder Papa, aber es kommt das Alter, in dem die jungen Hygienemuffel alles alleine machen wollen und sollen. Die Eigenständigkeit ist ein wichtiger Schritt in der Kindesentwicklung, und deshalb sollten Sie Ihr Kind in dieser Entwicklungsphase unterstützen und gewähren lassen.

 ### So bleiben Kinderzähne gesund

- Pflegen Sie die Zähne vom ersten Zähnchen an.
- Vorher können Sie Ihr Baby auch schon daran gewöhnen, indem Sie ihm eine weiche Zahnbürste zum daran Rumknabbern geben.
- Karies ist eine ansteckende Krankheit und wird durch Speichel übertragen! Daher kein Probetrinken an Fläschchen, Ablecken des Löffels oder Saugers. Denn so können sich Ihre Kariesbakterien auf das Kind übertragen.

- Die Meinung, dass Milchzähne ohnehin bald ausfallen, dass sie noch nicht so gepflegt werden müssen und Karies bei den Milchzähnen noch nicht dramatisch ist, hält sich hartnäckig. Das ist falsch! Denn erstens ist es Kindern schwer beizubringen, warum Ihnen erst die Zahnpflege des Kindes nicht so wichtig ist und dann plötzlich doch. Zahnpflege muss von Anfang an als Selbstverständlichkeit in den Alltag integriert werden. Zweitens übertragen sich Kariesbakterien an Milchzähnen sehr schnell auf die neuen, bleibenden Zähne!

- Vorsicht bei den Dauernuckelflaschen mit süßen oder sauren Getränken! Hierbei werden die Zähne ständig von Zucker umspült oder von Säuren angegriffen.

- Süßes in Maßen! Achten Sie auf versteckten Zucker! Auch Maltose, Dextrose (Traubenzucker), Glucose, Fructose (Fruchtzucker), Saccharose (Haushaltszucker) sind Zuckerarten. Zucker versteckt sich in Ketchup, Saucen, Chips und in Cornflakes. Verbieten Sie keine Süßigkeiten, denn das steigert oft den Reiz. Lassen Sie lieber nach den Hauptmahlzeiten etwas Süßes zu und achten Sie darauf, dass Ihr Kind später die Zähne putzt. Man sollte nach dem Genuss von Süßigkeiten oder sauren Lebensmitteln etwa 15 Minuten mit dem Zähneputzen warten, damit der abgelöste Zahnschmelz nicht durch die Putzkörner in der Zahnpasta abgerieben wird.

- Kinder bis kurz vor ihrem sechsten Lebensjahr haben oft noch gar nicht die motorischen Fähigkeiten, um sich die Zähne gut putzen zu können. Daher sollen Erwachsene immer noch mal nachputzen.

- Seien Sie selbst ein gutes Vorbild mit Ihrer eigenen Zahnpflege.
- Putzen Sie parallel mit Ihrem Kind die Zähne, setzen Sie sich gegenüber und spielen Sie Spiegel. Das heißt: Sie machen etwas und Ihr Kind soll versuchen, genau das Gleiche nachzumachen.
- Das Thema „Schnuller" wird in diesem Buch im Kapitel „Ab ins Bett!" separat behandelt. Doch Nuckeln, egal ob am Schnuller, Finger, Daumen oder Nuckeltuch, ist ein sehr verbreitetes natürliches Bedürfnis. Mit circa drei Jahren sollte das Nuckeln abgewöhnt werden. Denn es kann zu Fehlstellungen des Kiefers und der Zähne kommen. Solche Fehlstellungen können sich auch ungünstig auf die Sprachentwicklung, den Abbeiß- und den Schluckvorgang auswirken.

Natürlich wird das Zähneputzen nicht von Beginn an perfekt sein, aber Übung macht bekanntlich den Meister – geben Sie Ihrem kleinen Lehrling die Chance, ein eigenständiger Meister zu werden. Am besten lassen Sie Ihr Kind noch eine schöne Zahnputzuhr aussuchen, an der es sich mit der Länge des Zähneputzens orientieren kann.

Zusätzlich können Sie beim Zähneputzen ein Belohnungssystem integrieren, welches Ihr Kind dazu anhalten soll, die Zähne besonders ordentlich zu putzen.

Vor dem Zahnarzt muss man keine Angst haben

Wir Erwachsenen haben meistens schon mal eine schlechte Erfahrung beim Zahnarzt gemacht. Daher müssen wir darauf achten, welche Aussagen wir vor unseren Kindern verlauten lassen. Sie können auf die Kinder sehr verängstigend wirken.

Eltern müssen den Kindern vermitteln, dass der Zahnarzt hilft, wenn man Zahnschmerzen hat. Bitte nie den Zahnarzt als „Buhmann" in der Erziehung nutzen! Nach dem Motto: „Warte nur, was der Zahnarzt dazu sagt, dass du dir wieder nicht die Zähne putzen willst". Oder noch schlimmer: „Wenn du deine Zähne nicht putzt, müssen die nachher alle gezogen werden." Oft waren Kinder noch nie beim Zahnarzt und haben schon vorher Angst, dass er schimpfen und ihnen wehtun wird.

Wenn Sie Ihr Kind von Anfang an zu den eigenen harmlosen Vorsorgeuntersuchungen mitnehmen, kann das Kind die Praxisräume, Geräte, Gerüche und natürlich den Zahnarzt kennenlernen. Bei vielen Zahnärzten darf Ihr Kind auch mal auf dem Behandlungsstuhl „Probesitzen". Im günstigsten Fall erlebt es eine freundliche und lockere Atmosphäre – vorausgesetzt, dass Sie als Bezugsperson selbst keine Angst haben. Kinder sind sehr sensibel, was Stimmungen angeht. Die Angst kann sich übertragen. In dem Fall sollte eine andere Bezugsperson das Kind mit zum Zahnarzt nehmen.

Wackelzahn & Zahnfee

Kurz vor der Einschulung steht bei vielen Kindern der erste Wackelzahn an. Würdigen Sie diesen Moment, denn für Ihr Kind ist das der erste Schritt in Richtung Einschulung. Es gibt schöne Schmuckdöschen, in denen die ersten ausgefallenen Wackelzähne aufbewahrt werden können.

Bei vielen Familien kommt die Zahnfee. Wenn die ausgefallenen Milchzähne unter das Kopfkissen gelegt werden, holt sie sich nachts den Zahn und legt anstelle dessen ein kleines Geschenk unter das Kopfkissen. Kinder mögen den Mythos der Zahnfee und fiebern vom ersten Wackeln des Zahnes dem Ausfallen des Zahnes entgegen.

Bei manchen Kindern kommt der erste Wackelzahn ganz früh und bei manchen Kindern erst in der ersten Klasse. Aber nehmen Sie Ihr Kind ernst, wenn es ganz traurig ist, dass es noch keinen Wackelzahn hat.

Tschüss, Windeln

Sehnen Sie den Tag herbei, an dem Sie keine Windeln mehr kaufen und wechseln müssen? Erfahrungsgemäß ist Ihr Kind im Alter zwischen zwei und vier Jahren tagsüber und im Alter zwischen vier und acht Jahren in der Nacht trocken.

Auch Ihr Kind schafft es! Bitte überstürzen Sie nichts und zwingen Sie Ihr Kind nicht, die Windel gegen einen Topf oder gleich die Toilette einzutauschen. Es bringt gar nichts, wenn Sie Ihr Kind beschimpfen oder Strafen verhängen. Wenn Ihr Kind nicht freiwillig möchte, dann ist es noch nicht für Ihre Sauberkeitserziehung bereit. Und starten Sie nie, wenn Ihr Kind sich nicht gut fühlt oder krank ist.

 ## So erkenne ich, dass mein Kind trocken werden möchte

- Ihr Kind möchte auf das Töpfchen oder die Toilette gehen.
- Ihr Kind sagt Ihnen, dass es nicht mehr in die Windel machen will – das ist ganz typisch.
- Ihr Kind meldet sich freiwillig, wenn die Windel nass oder voll ist – es ist Ihrem Kind unangenehm.
- Ihr Kind imitiert Ihre Badgewohnheiten und möchte mit Ihnen zur Toilette.
- Ihr Kind hat bereits trockene Phasen von drei bis vier Stunden, das heißt, es kann nun selbst den Harn- und/ oder Stuhlgang kontrollieren – der Schließmuskel funktioniert.
- Ihr Kind kann sich selbst ganz oder nur teilweise (Hose) ausziehen.
- Sie sehen am Verhalten Ihres Kindes, dass gleich etwas kommt oder gerade etwas „passiert" ist.

Wie lange brauchen Sie und Ihr Kind, bis es „trocken" ist? Sie möchten diese Frage sicherlich ganz genau beantwortet haben. Das funktioniert leider nicht. Es kann drei bis vier Wochen und in seltenen Fällen auch einige Monate dauern. Die Erfahrung zeigt, dass viele Kinder sich noch nach einem Jahr oder länger nach der Sauberkeitserziehung ab und zu in die Hose machen.

Werden Sie nicht unruhig und ungeduldig, wenn Ihr Kind schneller oder langsamer ist als andere. Sie wissen doch – alle Kinder sind unterschiedlich. Sie werden sehen, Ihr Kind wird einfacher das „kleine Geschäft" auf dem Töpfchen oder der Toilette erledigen können als das „große Geschäft". Das „große" erledigt Ihr Kind dann noch in der Windelzeit am Tage oder in der Nacht.

Informieren Sie den Kindergarten, die Tagesmutter und die Großeltern über den aktuellen Stand.

Tipp: Führen Sie Routinen ein

Wenn es immer wieder die gleichen Tageszeiten sind, zu denen Ihr Kind sein Geschäft macht, dann setzen Sie es routinemäßig zu dieser Zeit auf das Töpfchen oder die Toilette. Sie werden sehen, wie schnell es sich an den Rhythmus gewöhnt und lernt, das Empfinden der vollen Blase und des Darms mit dem Topf oder der Toilette in Beziehung zu bringen. Gibt es bei Ihrem Kind noch keine Regelmäßigkeit, so ist es noch nicht bereit. Warten Sie lieber noch etwas.

Sauberkeitstraining: Was benötige ich dazu?

- Einen Topf und/oder die Toilette,
- einen Kindersitz für die Toilette – so hat Ihr Kind keine Angst hineinzufallen,
- einen Hocker für das Abstellen der Füße, sodass Ihr Kind entspannt und mit Halt sitzt.

So bereiten Sie Ihr Kind aufs Trockenwerden vor

- Ziehen Sie Ihrem Kind möglichst nur noch zur Nacht Windeln an. Ihr Kind weiß dann, dass es zu jeder Zeit sein „kleines" oder „großes" Geschäft verrichten kann – als Sicherheitsfaktor.
- Ziehen Sie Ihrem Kind tagsüber lockere Kleidung an. Es sollte ohne Reißverschlüsse und Knöpfe sein, damit es sich selbst schnell an- und ausziehen und selbst auf den Topf oder die Toilette gehen kann.
- Ziehen Sie Ihrem Kind möglichst Hosen an. So kann es schneller feststellen, wann es nass ist.
- Lassen Sie Ihr Kind mit dem Topf spielen und sich im Spiel darauf setzen. Erklären Sie ihm, wofür ein Topf gebraucht wird.
- Nehmen Sie Ihr Kind mit auf die Toilette und lassen Sie es bei Ihrer Badbenutzung zuschauen. Erklären Sie ihm, was Sie machen und wozu.

Der Zeitpunkt fürs Töpfchen- oder Toilettentraining muss für Sie als Eltern und für Ihr Kind passend sein, denn ab jetzt gibt es wieder eine Routine mehr in Ihrem Alltag. Beginnen Sie nicht, wenn Sie gerade im Stress sind. Warten Sie ansonsten, bis Sie und Ihr Umfeld und Ihre Familie entspannt sind. An jedem Tag müssen Sie ab sofort konsequent sein – ohne Ausnahme. Planen Sie zu Beginn der Sauberkeitserziehung mindestens Ihren halben Tag ein und starten Sie daher am besten am Wochenende.

Das sollten Sie Ihrem Kind bei der Benutzung des Töpfchens oder der Toilette erklären

- Sag immer Mama (Papa, Oma, Opa, Erzieherin etc.) Bescheid.
- Geh immer in das Badezimmer.
- Zieh deine Hosen herunter.
- Setz dich auf das Töpfchen oder die Toilette.
- Erledige nun in Ruhe dein „kleines" oder/und „großes" Geschäft.
- Abwischen nicht vergessen – entweder selbst oder jemanden bitten.
- Bei Nutzung des Töpfchens jemanden informieren, dass es gesäubert werden muss, und bei der Toilette selbst die Spülung drücken.
- Anschließend immer die Hände gründlich waschen.

Fragen Sie Ihr Kind ab und an, ob es zur Toilette muss, wenn es Ihnen nichts von selbst sagt. Meistens sehen Sie an bestimmten Bewegungen (z. B. hin- und herrutschen auf dem Stuhl, Popo zukneifen), wann es muss. Erinnern Sie dann an den Toilettengang. Wichtig ist es, am Anfang immer wieder die nötigen Routineschritte zu wiederholen, die bei der Toilettennutzung nötig sind.

Sehen Sie ein Signal, dass Ihr Kind muss? Dann setzen Sie es für drei bis fünf Minuten auf das Töpfchen oder die Toilette. Am besten wenn:

- Sie bemerkt haben, dass Ihr Kind müssen könnte,
- Ihr Kind gegessen hat,

- Sie etwas vorhaben und ausgehen,
- Sie nach Hause kommen.

Sollte Ihr Kind nicht auf der Toilette sitzen wollen, dann zwingen Sie es nicht. Wichtig ist, dass Ihr Kind dazu bereit und entspannt ist.

Haben Sie Ihr Kind gelobt, wenn es erfolgreich war? Bestimmt, oder? Auf jeden Fall ist das wichtig. Ihr Kind sollte seinen eigenen Erfolg ansehen dürfen und muss Zeit haben, die Aufmerksamkeit zu genießen.

Jetzt ist es doch passiert ...

Ihr Kind hat unabsichtlich – wahrscheinlich völlig in Gedanken – in die Hose gemacht. Macht doch nichts! Bleiben Sie ganz ruhig und sagen Sie nur etwas wie: „Ups, da ist die Hose nass. Jetzt ziehen wir dir schnell etwas Trockenes an." Niemals dürfen Sie Ihr Kind dafür bestrafen. Durch Bestrafung würden Sie sein Selbstwertgefühl schädigen und es könnte das Töpfchen oder die Toilette zukünftig verweigern. Beim Lernen passieren ab und an Pannen, wie können Sie diese vermeiden?

- Eine Toilette sollte immer schnell erreichbar sein.
- Zeigen Sie den Freunden Ihres Kindes, wo Ihre Toilette ist, und bitten Sie die Eltern der Freunde auch in deren Haus darum.
- Erinnerungsfunktion: Fragen Sie immer wieder, bevor Ihr Kind nach draußen geht oder während langer Spiele, ob es zur Toilette muss.

- Lassen Sie Ihrem Kind während der Nacht die Windel, bis es am Morgen meistens trocken ist.
- Vor dem Schlafen geht Ihr Kind routinemäßig zur Toilette.

Ihr Kind macht auf einmal wieder in die Hose. Gründe, die der Auslöser sein können

- Ihr Kind ist krank.
- Sie haben sich von Ihrem Partner getrennt.
- Sie sind umgezogen.
- Sie haben noch ein Geschwisterkind bekommen.
- Ein naher Verwandter stirbt.

Diese und andere Gründe lösen Stress bei Ihrem Kind aus und stören die Routine.
Unterbrechen Sie die Sauberkeitserziehung und fangen erst wieder damit an, wenn der Tagesablauf in ruhigen Bahnen verläuft.

Am Abend

So ein Tag ist lang und ereignisreich. Und abends wollen und sollen alle von ihrem Tag erzählen. Das sorgt für ein positives Gemeinschaftsgefühl und für einen schönen Ausklang des Tages. Und bietet Gelegenheit, sich auf den nächsten Tag vorzubereiten.

So war der Tag

Gerade wenn Kinder viel unterwegs sind (erst im Kindergarten, danach beim Sport oder der Musikschule und dann evtl. noch bei Freunden), ist es wichtig, dass Sie gemeinsam den erlebten Tag besprechen. Zum einen, damit Sie als Eltern nicht den Überblick verlieren, und zum anderen, damit Ihr Kind die Chance bekommt, das am Tag Erlebte zu reflektieren und mögliche Probleme noch vor dem Zubettgehen zu klären. Sonst kann es sein, dass die Probleme Ihr Kind im Schlaf einholen, was zu einer unruhigen Nacht führen kann. Betten Sie das Besprechen des Tages in den normalen Tagesablauf mit ein, das kann beim gemeinsamen Abendessen sein, oder aber abends im Bett beim Kuscheln. Wichtig ist immer, dass Sie Ihrem Kind genug Raum geben, von seinen Erlebnissen zu erzählen. Fragen Sie nicht gezielt nach Problemen, sondern lassen Sie Ihr Kind von sich aus erzählen. Wenn Sie ein gutes Verhältnis zueinander haben und es weiß, dass es mit allen Ängsten und Problemen zu

Ihnen kommen kann, wird es wahrscheinlich von sich aus erzählen. Wenn Sie Ihr Kind zum Reden animieren wollen, achten Sie darauf, offene Fragen zu stellen, also solche, die zum Reden auffordern und nicht nur ein „Ja" oder „Nein" erfordern.

Tipp für Väter

Vielleicht gibt es Themenbereiche, die Ihr Kind lieber mit dem Papa bespricht. Versuchen Sie die Tagesgespräche abwechselnd zu führen. Wenn der Papa regelmäßig spät nach Hause kommt, sollte auf jeden Fall am Wochenende Zeit für intensive Gespräche zwischen Vater und Kind eingeplant werden.

Dinge für den nächsten Tag vorbereiten

Es gibt viele stressige Phasen im Tagesablauf mit Kindern. Einer der hektischsten Momente ist der Morgen. Entweder die Kinder sind müde oder sie wollen nicht das anziehen, was Sie ihnen rauslegen, wollen noch spielen oder es ist irgendetwas anderes. Das gepaart mit dem elterlichen Zeitdruck, pünktlich zur Arbeit kommen zu wollen (und zu müssen) – und schon ist der Streit programmiert.

Tipp 1: Sachen rauslegen

Sie können gemeinsam mit Ihrem Kind die Anziehsachen für den nächsten Tag rauslegen, damit ist Ihr Kind in diesen Prozess mit einbezogen und hat morgens keinen Grund, wegen der Anziehsachen zu meckern.

Packen Sie schon abends die Kindergartentasche oder die Sporttasche für das Kinderturnen. Dann müssen Sie das morgens in all der Hektik nicht auch noch machen. Vielleicht können Sie abends nach dem Abendessen gemeinsam mit Ihrem Kind bereits den Tisch für das gemeinsame Frühstück decken.

Tipp 2: Essen vorkochen

Überlegen Sie, ob Sie abends, wenn Ihr Kind im Bett liegt, etwas vorkochen wollen, dann ist das Essen für den nächsten Tag fertig und Ihr Kind muss nicht vor Hunger nörgeln. Das Vorbereiten verschiedener Dinge erleichtert den Tagesablauf des nächsten Tages enorm. Sie können hektische Situationen durch gute Planung umgehen, sodass diese kaum mehr eskalieren können.

Teilen Sie die Aufgabenbereiche auch untereinander auf, vielleicht kann Ihr Kind zusammen mit Papa abends die Dinge für den nächsten Tag vorbereiten, dabei berichten, was es am Tag zum Beispiel im Kindergarten erlebt hat und was für den nächsten Tag ansteht. So wird die Vater-Kind-Beziehung gestärkt und die Mutter muss sich nicht alleine um alles gleichzeitig kümmern.

Gute Nacht, mein Schatz

Jeden Abend das Gleiche: Das Kind will nicht ins Bett, zögert jede Sekunde heraus. Und wenn es endlich in der Koje liegt, will es noch mal trinken, erzählen und muss zur Toilette. Spätestens jetzt sind auch Sie als Eltern bettreif! Dabei ist es gar nicht so schwierig, Ihren Liebling ins Land der Träume zu schicken.

Zubettgehen – der allabendliche Kampf

Kennen Sie das Problem, dass Ihr Kind jeden Abend aufs Neue bittet und bettelt, länger wach bleiben und länger spielen zu dürfen?

Erst fängt es an mit „Mama, Papa, bitte nur noch ganz kurz", dann geht es weiter mit „Alle anderen dürfen, nur ich nicht, das ist ungerecht! Du bist gemein!" Und das Ganze endet meist mit einem mittleren Wutanfall, mit Geschrei und Beschimpfungen und beide Parteien sind genervt und verärgert.

Geben Sie in diesen Situationen nicht nach, nur weil es für Sie bequemer ist und Sie keine Lust auf eine Auseinandersetzung haben! Kinder brauchen feste Strukturen und Sie als Eltern sind dafür da, diese Strukturen zu geben.

Planen Sie Ihre Aktivitäten nach Möglichkeit so, dass Ihr Kind zu Hause ausreichend Zeit hat, alleine spielen zu können, bevor es zu Bett gehen muss. Es ist nicht immer möglich, frühzeitig zu Hause zu sein, manchmal verabreden sich die Kinder nachmittags oder man ist aus anderen Gründen länger unterwegs. Dann ist es gut, schon auf dem Nachhauseweg anzukündigen, dass nicht mehr viel Zeit zum Spielen bleibt. Damit die Frustration nicht zu groß ist, können Sie Ihrem Kind anbieten, noch ein kurzes Gesellschaftsspiel nach dem gemeinsamen Abendessen zu spielen, vorausgesetzt Ihr Kind baut dieses auf, während Sie das Essen vorbereiten.

Legen Sie einen Zeitpunkt fest, zu dem Ihr Kind ins Bett gehen muss. Sagen Sie rechtzeitig Bescheid, dass es gleich Zeit ist, ins Bett zu gehen, sodass es sein Spiel beenden kann. Sie können auch mit Ihrem Kind besprechen, dass es an Wochenenden etwas länger wach bleiben darf, wenn es in der Woche ohne Diskussionen ins Bett geht.

Schlafen – Angst vorm Einschlafen oder doch nur Quengelei?

Jeder Elternteil weiß, wie nervenaufreibend es ist, wenn die Kinder nach dem Zubettgehen noch gefühlte 100 Mal aufstehen und immer wieder etwas anderes haben. Entweder haben sie Angst vor Monstern, Albträumen, haben Durst, müssen zur Toilette, sind noch gar nicht müde, wollen einfach nur noch etwas fragen oder etwas ganz Wichtiges erzählen.

Meist hat man als Elternteil das Gefühl, dass es beabsichtigte Schikane des Kindes ist. In den meisten Fällen wollen Kinder einfach noch nicht einschlafen oder noch mal schauen, was die Eltern „Spannendes" machen, wenn sie als Kinder ins Bett müssen. Das ist normal und das machen Kinder in unterschiedlichsten Lebensphasen wieder und wieder. In der Regel hilft es, bestimmt zu sagen, dass sie eigentlich im Bett liegen sollten. Man könne sie noch einmal kurz ins Kinderzimmer begleiten und zudecken. Dann müssten sie aber im Bett bleiben.

Es gibt die Fälle, in denen Kinder über Ängste vor dem Schlafengehen, Monster oder Ähnliches sprechen. Sie sollten Ihrem Kind in diesem Fall zuhören und ihm das Gefühl geben, die Ängste ernst zu nehmen. Häufig löst das am Tag Erlebte Ängste aus. Dann hilft es, noch mal in Ruhe darüber zu sprechen, und das Problem löst sich meist in Luft auf.

Manchmal kann ein chaotisches Kinderzimmer Ängste auslösen, da es im Dunkeln unheimliche Schatten an die Wand wirft. Sie können Ihrem Kind anbieten, abends noch mal in allen Ecken nach Monstern zu suchen und ein besonderes Kuscheltier mit ins Bett legen, das das Kind dann vor Monstern oder Ähnlichem beschützt. Oder Sie lassen für die Einschlafzeit eine kleine Lampe am Bett an. Eine Taschenlampe unter dem Bett funktioniert auch.

Ohne Schwierigkeiten ins Land der Träume

Viele Kinder haben am Abend Schwierigkeiten, in den Schlaf zu finden. Viele Eltern glauben, ihre Kinder seien nicht ausgelastet und deshalb „nicht müde" – und erhöhen dann die täglichen Aktivitäten. Die Ursache liegt möglicherweise genau darin! Jeder Tag mit seinen vielen Eindrücken und Erlebnissen muss verarbeitet werden. Unsere schnelle, laute Zeit lässt die Kinder tagsüber auf Hochtouren laufen – selten gibt es die Möglichkeit, zwischendurch Entspannung zu finden. Oder es wird eine imaginäre Ruhe mit Fernsehen oder Computerspielen „vorgetäuscht" – letztendlich strömen in diesen Phasen wieder nur viele, teilweise sehr belastende Eindrücke auf die Kinder ein.

Das Gehirn, das ja noch offen ist für alles, was sich bietet, ist unentwegt mit der Verarbeitung aller Angebote beschäftigt. Wen wundert es da, dass es unseren Kleinen schwerfällt, die Ruhe am Abend zu ertragen und runterzuschalten? Geht es uns Erwachsenen nicht ähnlich? Oftmals zieht sich deshalb das Einschlafprozedere des Kindes sehr lange hin und die Nerven liegen bei den Eltern, die sich auch endlich ausruhen möchten, blank. Ein Teufelskreis, denn die Nervosität der Eltern wirkt sich wiederum auf die Unruhe des Kindes aus. Und so schaukeln sich Kind und Eltern immer weiter hoch. Hier gilt es, diesen Kreis zu durchbrechen und Ruhe und Gelassenheit zu erreichen.

So geht's entspannt ins Bett

- Zunächst sollten Sie sich als Eltern die Frage stellen, was Ihr Kind im Laufe des Tages alles unternimmt. Hat es genügend Zeit neben allen Terminen, die ja oft schon im frühen Kindesalter anstehen? Einfach mal Zeit zum freien Spielen, Zeit für Fantasie, Zeit fürs Kindsein? Oder muss es schon mehr oder weniger funktionieren in dem großen Zeitplan von Aktivitäten? Alle Eltern möchten ihren Kindern nur das Beste mit auf den Weg geben. Sie fordern und fördern, damit sie fürs Leben gut gerüstet sind – aber manchmal ist weniger einfach mehr! Kein Kind gleicht dem anderen, und darauf müssen wir Rücksicht nehmen – auch hinsichtlich der Belastbarkeit.

- Vermitteln Sie Ihrem Kind mit angenehmen Erfahrungen, dass sein Bett eine Ruheoase ist, auf das es sich freuen kann. Oftmals ist es für Kinder aufgrund der allabendlichen Kämpfe ums Einschlafen negativ besetzt, der Stress programmiert. Die Einführung von kleinen Ritualen, die Ihr Kind und Sie beruhigen und zur Entspannung kommen lassen, ist hierbei sehr hilfreich. Beispielsweise gedämpftes Licht, kleine Handmassagen, eine Traumgeschichte – und vor allem Zeit, die Ruhe gemeinsam zu genießen. Gerade bei Kindern, die erst einmal lernen müssen, sich zu beruhigen, ist Zeit etwas sehr Wichtiges. Sie werden sehen, dass durch die Ritualisierung diese Zeit geringer wird, weil Automatismen eintreten und das Gehirn Ihres Kindes Verknüpfungen herstellt, die es zur Ruhe bringen. Auch Sie als Eltern werden lernen, diese Zeit für Ihre Entspannung zu nutzen, und feststellen, dass diese Erfahrung Ihr Wohlbefinden und das Ihres Kindes steigert.

Angst im Dunkeln

Fast alle Kinder haben phasenweise Angst im Dunkeln. Das ist ganz normal und deswegen müssen Sie sich keine Sorgen machen. Wichtig ist es immer, dass Sie die Angst ernst nehmen und bei der Bewältigung der Angst helfen.

 So helfen Sie Ihrem Kind

- Oft hilft es Kindern, wenn Sie einfach über die Ängste reden. Geben Sie also Ihrem Kind den Raum, den es dazu braucht, um mit Ihnen über seine Ängste zu reden. Hören Sie ihm gut zu und überlegen Sie gemeinsam, was man gegen diese Ängste tun kann. Oft hilft ein Nachtlicht oder eine Taschenlampe unter dem Kopfkissen. Lassen Sie Ihr Kind auch wissen, dass es Sie in der Nacht jederzeit rufen kann und Sie dann kommen.

- Sollte das Reden und Zuhören nicht ausreichen, lassen Sie Ihr Kind die Monster oder Hexen, vor denen es Angst hat, aufmalen. Oft verlieren Kinder die Angst vor etwas, das es ein Gesicht bekommt oder Gestalt annimmt. Wenn Sie das gemalte Bild dann an die Kinderzimmertür kleben und einen großen Strich durchziehen, weiß „das Monster" ganz genau, dass es keinen Zutritt mehr zu diesem Zimmer hat.

- Sie können abends vor dem Schlafengehen gemeinsam mit Ihrem Kind unter dem Bett oder im Schrank nach Monstern suchen. Das gibt Ihrem Kind Sicherheit und es wird besser einschlafen können.

- Außerdem können Sie abends eine dünne Schicht Mehl unter dem Bett oder vor dem Schrank verteilen. Am nächsten Morgen können Sie dann gemeinsam mit Ihrem Kind nachsehen, ob Fußspuren im Mehl zu sehen sind, und Ihr Kind wird beruhigt sein, wenn Sie dort keine finden werden.

Albträume

Sind Sie auch schon mal nachts an das Bett Ihres Kindes geeilt, weil es nach Albträumen Angst hat oder während eines Nachtschrecks schreit, weint und wild um sich schlägt? Dies ist in den meisten Fällen kein Grund, sich Sorgen zu machen und gehört zur normalen Entwicklung dazu. Albträume sind in den meisten Fällen ein ganz normaler Entwicklungsschritt im Kleinkindalter zwischen drei und fünf Jahren. Kinder wachen oft gegen Morgen ängstlich, schreiend oder weinend auf, beruhigen sich, sobald sie getröstet wurden, und schlafen schnell wieder ein. Albträume resultieren aus dem sich erweiternden kindlichen Bewusstsein, können aufgrund neuer und vielleicht auch belastender Ereignisse vom Vortrag oder auch ganz ohne Grund auftreten.

 Was gegen die Angst hilft

- Rund ein Drittel aller Kleinkinder werden nachts von Albträumen geplagt. Nehmen Sie Ihr Kind in diesen Momenten ernst, beruhigen Sie es und lassen Sie auf gar keinen

Fall zu, dass Albträume dazu führen, dass Ihr Kind Angst vor dem Einschlafen entwickelt.

- Etablieren Sie vor dem Schlafengehen ein tägliches Abendritual, das Ihrem Kind hilft, zur Ruhe zu kommen und einzuschlafen. Dies kann nach dem Abendessen mit einem gemeinsamen letzten Spiel und dem Aufräumen des Zimmers beginnen, der anschließenden Nachtwäsche oder einem Bad, sich dann gemeinsam zur Gutenachtgeschichte ins Bett zu kuscheln und kann mit dem anschließenden Gutenachtkuss enden. Ein immer gleicher Ablauf beruhigt und bietet Sicherheit.

- Lassen Sie Ihr Kind kurz vor dem Schlafengehen nicht noch fernsehen oder mit elektronischem Spielzeug spielen.

- Vermitteln Sie Ihrem Kind das Gefühl von absoluter Sicherheit und Geborgenheit in seinem eigenen Zimmer. Lassen Sie ein Nachtlicht brennen oder die Tür einen Spalt offen, damit das Flurlicht hineinscheinen kann.

- Wenn Ihr Kind aufwacht, nehmen Sie es in den Arm und kuscheln Sie mit ihm, bis sich seine Angst wieder legt. Oft hat es sich auch bewährt, die nächtliche Angst mit einem kleinen Ritual vor dem Einschlafen zu verjagen: ein Zauberspruch, um die Monster vor dem Einschlafen aus dem Zimmer zu verjagen, ein neuer Kuschelteddy, der vor bösen Monstern beschützt.

- Möchte Ihr Kind über seine Albträume sprechen, reden Sie mit ihm und versichern Sie ihm, dass die Monster aus seinen Träumen nicht in Wirklichkeit existieren, ihm nichts tun können und ihm nichts geschehen kann, da Sie da sind und es beschützen.

Extratipp: „Regisseurtechnik"

Um Ihrem Kind die Angst vor Albträumen zu nehmen, können Sie auch die „Regisseurtechnik" anwenden. Wenn sich Ihr Kind am nächsten Morgen noch an den Albtraum erinnert, dann spielen Sie doch gemeinsam „Regisseur" und denken Sie sich gemeinsam ein anderes positives oder sogar lustiges Ende des nächtlichen Albtraumes aus. Beispielsweise, dass Ihr Kind die bösen Räuber, die es in der Nacht verfolgt haben, mit dem neuen Lichtschwert in die Flucht schlägt oder die Hauskatze Sissy die Räuber durch lautes Fauchen vertreibt. Sie können ja mit Ihrem Kind vereinbaren, dass es sich für die kommende Nacht mit einem der ausgedachten Tricks ganz schnell von den Räubern befreien kann.

Nachtschreck

Sie kennen die Situation: Ihr Kind schläft seit ein paar Stunden und plötzlich werden Sie von Ihrem schreienden Kind geweckt und können es nicht beruhigen. Keine Sorge, der Nachtschreck ist harmlos für Ihr Kind.

Meistens tritt der Nachtschreck bei Ihrem Kind im Alter zwischen zwei und sechs Jahren auf. Ihr Kind schreckt überwiegend im ersten Drittel der Nacht auf. Je nach Alter nach ein bis vier Stunden nach dem Einschlafen. Es gibt verschiedene Schlafphasen. Ihr Kind wechselt vom Tiefschlaf in einen halbwachen Zustand und fällt dann wieder in den Tiefschlaf. Dieser Wechsel kann zum Nachtschreck führen. Stellen Sie sich einfach vor, dass Ihr Kind in einer dieser Phasen hängen geblieben ist.

Was geht in Ihrem Kind vor? Sie hören Ihr Kind herzergreifend schreien, wimmern, keuchen oder schnaufen und Sie bemerken eine starke Angst. Ihr Kind hat Herzklopfen, ist verschwitzt, sehr unruhig und durcheinander, die Augen und Pupillen sind weit aufgerissen. Nicht selten schlafwandelt Ihr Kind, schlägt und/oder tritt verwirrt um sich, wenn Sie es beruhigen wollen. Manchmal nässt Ihr Kind unbewusst ein oder es sieht so aus, als würde es Sie nicht erkennen. Keine Sorge, der Nachtschreck endet so schnell, wie er begonnen hat, und Ihr Kind entspannt sich wieder und schläft ruhig weiter.

Ein Phänomen ist, dass Ihr Kind sich nicht an den Nachtschreck erinnern wird. Ein Nachtschreck dauert zwischen einer und zehn Minuten. Nicht ungewöhnlich ist eine Nachtschreckzeit von bis zu einer Stunde. Sie fragen sich bestimmt, wie oft kann das noch bei meinem Kind passieren? Es wird Ihnen niemand vorab sagen können. Der Erfahrungsbereich liegt bei mehrmals wöchentlich, er kann aber auch nur ab und zu alle paar Wochen oder nur ein einziges Mal auftreten. Diese Zeit wird vergehen.

So vermeiden Sie einen Nachtschreck

- Ihr Kind benötigt ausreichenden und regelmäßigen Schlaf. Wichtig ist, dass Sie es immer rechtzeitig und zur selben Zeit zu Bett bringen. Sollte es nachts nicht ausreichend schlafen, dann führen Sie einen Mittagsschlaf ein.
- Achten Sie darauf, dass Ihr Kind vor dem Zubettgehen „herunterfährt", das heißt nicht mehr herumtollt, kein

Fernsehen schaut oder sich anderweitig aufregt. Vielleicht räumen Sie gemeinsam das Zimmer auf, lüften danach noch einmal durch, damit ein gutes Raumklima bei möglichst 16 bis 18 Grad Celsius herrscht. Nutzen Sie diese Zeit für das Waschen und Zähneputzen.

So erkennen Sie den Unterschied zwischen Nachtschreck und Albtraum

Der Albtraum unterscheidet sich vom Nachtschreck. Ihr Kind erinnert sich an seinen Albtraum und dieser ist natürlich dadurch viel schlimmer. Nach dem Aufwachen hat Ihr Kind oft noch Angst.

Hat Ihr Kind einen Albtraum, dann tritt er überwiegend in der zweiten Nachthälfte auf. Im Gegensatz zum Nachtschreck lässt sich Ihr Kind von Ihnen beruhigen, hat aber aufgrund der Ängste oft Probleme, direkt wieder einzuschlafen. Schauen Sie hier auch einmal unter dem Stichwort Albträume nach.

Nachtlicht

Es gibt unterschiedlichste Diskussionen darüber, ob man ein Nachtlicht im Kinderzimmer anbringen sollte oder nicht – und wenn doch, was für ein Nachtlicht man wählen sollte. Gründe für ein Nachtlicht können sein, dass sich Ihr Kind im Dunkeln fürchtet, dass Ihr Kind nachts den Weg zur Toilette finden kann oder dass Sie als Eltern, wenn Sie nach Ihrem Kind sehen, nicht auf Spielzeug treten.

Sie sollten bei der Wahl des Nachtlichts darauf achten, dass es nicht den ganzen Raum erhellt, sondern nur einen hellen Orientierungspunkt bietet. Ein zu helles Licht kann Ihr Kind daran hindern, schnell einzuschlafen, oder aber dazu führen, dass es nicht weiterschläft, sollte es nachts kurz wach werden. Sollte Ihr Kind jedoch auf ein helles Nachtlicht bestehen, achten Sie darauf, ein dimmbares Nachtlicht anzuschaffen, damit Sie dieses, sobald Ihr Kind schläft, auf ein Minimum reduzieren können.

Eine Alternative zum Nachtlicht ist es, ein kleines Licht im Flur brennen und die Kinderzimmertür einen Spalt offen zu lassen. Mithilfe dieses Lichts kann Ihr Kind sich im Bedarfsfall orientieren, wird aber auch nicht durch das Licht im Zimmer gestört.

Meist fängt die Angst vor der Dunkelheit erst rund um den zweiten Geburtstag herum an. Führen Sie nur dann ein Nachtlicht im Zimmer Ihres Kindes ein, wenn Sie wirklich den Eindruck haben, dass es Ihrem Kind damit besser geht und es ihm hilft, besser einzuschlafen. Wenn Ihr Kind keine Angst hat, können Sie das Nachtlicht auch komplett weglassen.

Durchschlafen

Das Thema Schlaf ist für fast alle Eltern ein sehr sensibles Thema. Es gibt Kinder, die schon kurz nach der Geburt durchschlafen, und es gibt Kinder, die das erst ab dem ersten Lebensjahr oder viel später schaffen. Als Durchschlafen gilt ein Schlafen von mindestens sechs Stunden am Stück.

Alle Kinder, auch die, die früh durchgeschlafen haben, haben im weiteren Entwicklungsverlauf immer wieder Phasen, in denen sie schlechter schlafen. Meistens dann, wenn sie enorme Entwicklungsschübe und somit in der Nacht viel zu verarbeiten haben, oder aber Phasen durchlaufen, in denen Zähne durchbrechen, die Kinder krank oder gerade dabei sind, trocken zu werden. Als Eltern braucht man sich keinerlei Sorgen zu machen, wenn das eigene Kind nicht durchschläft. Aber trotzdem wünscht man sich für das eigene Wohlbefinden, dass das Kind so gut und lange wie nur möglich schläft.

So können Sie Ihr Kind beim Durchschlafen unterstützen

- Bieten Sie Ihrem Kind vor dem Zubettgehen immer noch etwas zu trinken an.
- Stellen Sie sicher, dass es abends eine Mahlzeit – zum Beispiel einen speziellen Abendbrei – bekommt, die sättigend genug ist, um bis zum nächsten Morgen vorzuhalten.
- Kümmern Sie sich um eine angenehme Schlafumgebung: geräuscharm, dunkel, nicht zu warm und nicht zu kalt, gut belüftet etc.
- Sorgen Sie dafür, dass es kurz vor dem Schlafengehen nicht zu viele Eindrücke aufnehmen muss bzw. nichts zu Aufregendes erlebt, denn Kinder verarbeiten in der Nacht das am Tag erlebte und das kann den Schlaf negativ beeinflussen.

Sagen Sie sich als Eltern immer wieder, dass irgendwann bei Ihrem Kind der Tag kommt, an dem es durchschlafen wird.

Bettnässen

Manchmal kommt es vor, dass Kinder, die schon seit Langem trocken sind, wieder ins Bett pinkeln. Häufig sind Sie als Eltern in solchen Situationen überfordert, da es oft unklar ist, aus welchem Grund das geschieht.

Es gibt mehrere Gründe, die dazu führen, dass Kinder wieder anfangen einzunässen. Oft sind es Faktoren oder Veränderungen, die Stress bei Ihrem Kind auslösen. Das kann zum Beispiel die Geburt eines Geschwisterchens oder Stress in Kindergarten, Schule & Co. sein. In diesen Fällen ist es immer wichtig, herauszufinden, welches der Stressfaktor ist, und dann gezielt mit Ihrem Kind an diesem Thema zu arbeiten.

Tipp 1: Bleiben Sie ruhig

Am wichtigsten ist es, das Sie als Eltern in diesen Fällen ruhig bleiben und Ihr Kind nicht bestrafen oder mit ihm schimpfen. Denn dies würde den Druck auf Ihr Kind noch erhöhen und die Situation verschlimmern. Ihr Kind ist dadurch, dass es überhaupt bettnässt, bestraft genug.

Tipp 2: Nehmen Sie Ihr Kind ernst

Nehmen Sie die Ängste Ihres Kindes ernst und versuchen Sie gemeinsam nach Lösungen zu suchen, damit es sich besser fühlt. Sollten Sie mit dieser Situation überfordert sein und keine Lösung finden können, suchen Sie ruhig Hilfe bei einer Erziehungsberatungsstelle. Dort bekommen Sie wertvolle Ratschläge.

Wenn es aber keine erkennbaren Faktoren gibt, die bei Ihrem Kind Stress auslösen, sollten Sie unbedingt einen Arzt aufsuchen. Es gibt medizinische Gründe, welche das Einnässen verursachen können. Die gilt es herauszufinden und gegebenenfalls zu behandeln.

Daumenlutschen

Viele Kinder lutschen an ihren Daumen. Meist bedeutet das Daumenlutschen Geborgenheit und Beruhigung, das ist ähnlich wie mit dem Schnuller oder beim Stillen. Aber dieses Daumenlutschen hat häufig langfristige Konsequenzen, die später nur noch der Kieferorthopäde mit viel Aufwand beheben kann. Daher sollten Sie als Eltern immer wieder versuchen, das Daumenlutschen zu unterbinden und für Alternativen zu sorgen.

Tipp 1: Alternativen finden

Gerade bei Kleinkindern ist es sehr schwierig, ihnen die Konsequenzen des Daumenlutschens begreifbar zu machen. Da muss man sich dann anderer Methoden bedienen. Beobachten Sie genau, in welchen Situationen es am Daumen lutscht. Ist es nur beim Einschlafen oder in Stresssituationen oder zu anderen Zeiten? Wenn Sie herausgefunden haben, was das Daumenlutschen auslöst, versuchen Sie Alternativen zu finden. Wenn Ihr Kind zum Beispiel immer abends beim Einschlafen am Daumen lutscht, legen Sie sich mit ins Bett und halten es beim Einschlafen fest im Arm. Ziehen Sie immer wieder den Daumen aus dem Mund oder halten Sie die Hände sanft mit Ihren Händen fest. Das wird bestimmt einige Tränen geben, aber Sie lassen Ihr Kind mit seinen Gefühlen nicht alleine und sorgen dafür, dass es sich geborgen und sicher fühlen kann. Wiederholen Sie diese Prozedur nun jeden Abend, Sie werden merken, dass der Widerstand Ihres Kindes immer geringer wird und irgendwann der Daumen gar nicht mehr automatisch zum Mund wandert.

Nun haben Sie ein anderes Problem, denn Ihr Kind braucht Sie zum Einschlafen. Aber davon können Sie Ihr Kind einfacher entwöhnen. Legen Sie sich erst mal nicht mehr mit ins Bett, sondern setzen Sie sich neben das Bett und halten Sie die Hände Ihres Kindes. Wenn das ohne Theater klappt, bleiben Sie neben dem Bett sitzen und halten Sie nicht mehr die Hände fest. Und wenn das klappt, können Sie ganz aus dem Zimmer gehen und Ihr Kind wird eigenständig einschlafen.

Tipp 2: Konsequenzen erklären

Wenn Ihr Kind schon etwas älter ist, erklären Sie ihm die Konsequenzen des Daumenlutschens: Der Kiefer entwickelt sich falsch und es treten Zahnfehlstellungen auf, die nur mit sehr langwierigen kieferorthopädischen Maßnahmen wieder korrigiert werden können.

Tipp 3: Belohnungssystem entwickeln

Vielleicht weiß Ihr Kind nicht, wie es schaffen soll, mit dem Daumenlutschen aufzuhören, da es oft ja eine ganz unterbewusste Handlung ist. Sie könnten mit ihm gemeinsam ein Belohnungssystem entwickeln, an dessen Ende ein großer Wunsch Ihres Kindes erfüllt wird, wenn es komplett aufgehört hat. Überlegen Sie sich kleine Zwischenetappen, zum Beispiel in Form einer kleineren Belohnung, wenn es schon drei daumenlutschfreie Tage waren.

Das Daumenlutschen in der Nacht ist meist eine ganz automatische Aktion. Um diese kontrollieren zu können, könnten Sie eventuell abends Smileys auf die Daumen malen und schauen, ob man diese am nächsten Morgen noch erkennen kann. Sie können auch abends einen Verband oder ein dickes Pflaster auf den Daumen kleben, wenn dann der Daumen in den Mund wandert, wird er meist nicht lange verweilen. Auch gibt es verschiedene eklig schmeckende Tinkturen zu kaufen, die gerade das automatische Daumenlutschen verhindern sollen.

Besuch im Elternbett

Kennen Sie das, dass Ihr Kind mindestens einmal pro Nacht zu Ihnen ins Bett gekrabbelt kommt und dann am liebsten bei Ihnen weiterschlafen möchte? Oft unternimmt man als Eltern dann einen Versuch, das Kind wieder in sein eigenes Bett zu bringen, was nicht immer funktioniert. Lassen Sie Ihr Kind bei sich weiterschlafen, schläft es schnell wieder ein und den Rest der Nacht ist Ruhe.

Ob Sie als Eltern dann noch gut und ruhig schlafen, ist etwas anderes. Sie fühlen sich sicher in Ihrer Bewegungsfreiheit eingeschränkt und haben möglicherweise Angst, sich im Schlaf auf Ihr Kind zu legen. Aus diesen Gründen schlafen Sie meist nicht mehr ganz so entspannt weiter.

Haben Sie sich schon einmal gefragt, warum Ihr Kind so gerne bei Ihnen schläft? Oder haben Sie es schon einmal direkt gefragt? Häufige Antworten werden sein, dass es Angst im eigenen Bett hat oder dass es bei Ihnen viel kuscheliger und wärmer ist.

Tipp 1: Besucher erlauben

In vielen Ländern ist es ganz normal, dass die eigenen Kinder lange mit im Elternbett schlafen. Dort hat man ein sogenanntes „Familienbett". Ob dies für Sie die ideale Lösung ist, müssen Sie für sich selbst entscheiden. Vielleicht können Sie einen Kompromiss finden und Ihrem Kind versprechen, dass es einmal pro Woche im elterlichen Bett schlafen darf, wenn es die anderen Nächte ohne Probleme in seinem schläft. Die meisten Kinder werden von dieser Idee begeistert sein und sich sehr bemühen, den Rest der Woche brav im eigenen Bett zu schlafen. Halten Sie dann Ihr Versprechen ein und bereiten Sie sich selbst vor. Überlegen Sie im Vorfeld, was störend ist, wenn Ihr Kind mit im Bett schläft, und denken Sie darüber nach, wie Sie das Problem aus der Welt schaffen könnten. Meist hilft es, wenn Sie eine weitere Bettdecke und ein zusätzliches Kissen mit ins Bett legen. Und vertrauen Sie sich selbst, dass Sie sich nicht im Schlaf auf Ihr Kind drehen werden. Das passiert in der Regel nicht. Dafür werden Sie dann morgens in die strahlenden und glücklichen Augen Ihres Kindes schauen können – und noch ein bisschen miteinander kuscheln können. Und dies entschuldigt, dass Sie vielleicht nicht ganz so gut geschlafen haben.

Tipp 2: Das Kind ins eigene Bett bringen

Wenn das Kind nicht von Albträumen geplagt wird, spricht nichts dagegen, es wiederholt in das eigene Bett zu bringen und dort wieder einschlafen zu lassen. Auch wenn Ihnen das in den ersten Nächten schwerfällt, ist es besonders wichtig, hier konsequent zu sein.

Gutenachtgeschichten vorlesen

Gutenachtgeschichten gehören bei den meisten Familien als ein festes Ritual in den Tagesablauf. Meist wird beim Vorlesen noch eine Runde gekuschelt und noch einmal das am Tag Erlebte reflektiert. Diese Zeit dient dem Abschließen mit dem Tag und dem Einläuten der Nacht.

Das Vorlesen ist für die Sprachentwicklung Ihres Kindes ganz wichtig. Denn durch das Vorlesen wird das Interesse an Sprache geweckt, es lernt ständig neue Wörter und merkt, welch fantastische Geschichten Sprache hervorbringen kann.

 Mit der richtigen Geschichte in den Schlaf

- Um den Übergang einfacher zu machen, sollten Sie keine spannenden oder gruseligen Geschichten vorlesen oder erzählen, denn diese wirken sich eher anregend und aufwühlend auf Ihr Kind aus. Suchen Sie gemeinsam eine geeignete Geschichte aus – bei Geschwisterkindern reihum, dabei lernen sie, auch untereinander Rücksicht zu nehmen – und machen Sie es sich gemütlich.

- Viele Kinder haben ein absolutes Lieblingsbuch, das sie am liebsten jeden Abend vor dem Einschlafen vorgelesen bekommen würden. Wenn Ihr Kind dies wünscht, tun Sie ihm diesen Gefallen – auch wenn Sie die Geschichte schon auswendig kennen. Aber für Ihr Kind hat dieses Buch eine bestimmte Bedeutung und diese ist ihm sehr wichtig und erleichtert ihm das Einschlafen.

- Sie sollten Ihrem Kind jeden Abend vorlesen, reservieren Sie hierfür ca. fünf bis zehn Minuten. Kleinen Kindern sollten Sie ein vollständiges Buch vorlesen bzw. dies mit ihnen anschauen, also eine abgeschlossene Geschichte. Wenn die Kinder älter und die Bücher dicker werden, wird am Abend jeweils eine Geschichte bzw. ein Kapitel vorgelesen.

- Wenn Sie Ihrem Kind etwas vorlesen, geben Sie ihm immer genug Raum für offene Fragen oder besprechen Sie mit Ihrem Kind das Gehörte. Fragen Sie Ihr Kind ruhig, ob es verstanden hat, was Sie vorgelesen haben. Oft werden Sie merken, dass Ihr Kind von sich aus noch ganz viele Fragen zu den Geschichten hat, oder es erzählt Ihnen, dass es selbst gern mal ein solches Abenteuer erleben würde, oder es ist vielleicht froh, dass das nur eine Geschichte ist.

- Gehen Sie gemeinsam mit Ihren Kindern in die Bücherei, so kann das Kind selber Bücher aussuchen und bekommt Spaß am Vorlesen bzw. später am Lesen. Wählen Sie bei den Vorlesebüchern wirklich nur altersgerechte Bücher aus. Auch wenn Sie der Meinung sind, dass „Hui Buh das Schlossgespenst" doch ganz harmlos ist – für kleinere Kinder kann das ganz schön aufregend und sehr spannend sein.

Schnullerentwöhnung: So fällt der Abschied leichter!

Kleinkinder finden durch das Saugen besser in den Schlaf, und so wird der Schnuller zum treuen Begleiter des Kindes. Die Schnullerentwöhnung ist keine leichte Aufgabe, Kind und Eltern können sie jedoch gut meistern.

Auf den ersten Blick klingt es nach einer sehr einfachen Lösung, den Schnuller erst gar nicht zu geben. Der ganze Stress mit der Entwöhnung ließe sich verhindern. Kinder, die keine Saughilfe angeboten bekommen, nehmen allerdings, was für sie greifbar ist: ihren Daumen. Dem Säugling einen Schnuller möglichst frühzeitig anzubieten, kommt also nicht ohne Hintergedanken. Denn viel schwieriger ist es später, ein Kind wieder vom Daumenlutschen abzuhalten. Der Daumen ist immer verfügbar, und es fällt dem Kind mit einem großem Saugbedürfnis schwer, diesen nicht in den Mund zu stecken.

Die Schnullerentwöhnung ist nichts, was Eltern fürchten sollten. Denn die Arbeit, dem lieb gewonnenen Schnuller zu entsagen, muss das Kind vollbringen. Ohne Tränen geht es, wenn Sie den Schnuller als Freund des Kindes akzeptieren. Bitte verzichten Sie auf eine brutale Entsorgung à la „Heute fliegt das Ding in den Müll!". Vermitteln Sie Ihrem Kind, dass sein Schnuller ab und zu mal eine kleine Pause braucht und sich ausruhen muss. Sie können die Länge der Pause durch Ihren persönlichen Einsatz steuern. Lesen Sie eine Geschichte vor, spielen Sie mit Ihrem Kind oder gehen Sie spazieren. So werden die Pausen immer länger. Und dann kommt die Schnullerfee!

Die Schnullerfee

Die Schnullerfee ist schon in vielen Kinderzimmern aufgetaucht und versüßt die Abschiedszeiten. Sie nimmt alle Sauger mit und lässt dem Kind ein kleines Geschenk auf der Fensterbank zurück. Bauen Sie den Tag der Schnullerfee langsam auf und lassen Sie Ihr Kind auf diesen Tag des Schnullerabgebens „hinfiebern"!

Egal wie Sie die Schnullerentwöhnung gestalten – beziehen Sie auf alle Fälle Ihr Kind aktiv mit ein.

Tipp: Den richtigen Zeitpunkt wählen

Starten Sie die Schnullerentwöhnung nicht in schwierigen Zeiten wie zum Beispiel den Eintritt in den Kindergarten, die Geburt eines Geschwisterchens oder den Umzug in eine andere Stadt.

Handeln und Verhalten von Kindern (und Eltern)

Kinder handeln nie vorhersehbar. Und so kann es sein, dass sie Verhaltensweisen entwickeln, die Ihren Alltag gehörig durcheinander rütteln. Doch keine Bange, es gibt für nahezu jedes Problem einen guten Expertentipp.

ADHS

Bestimmt ist Ihnen der Begriff ADHS (Aufmerksamkeitsdefizit- und Hyperaktivitätssyndrom) bereits begegnet und vielleicht haben Sie sich auch schon mal gefragt, ob auch Ihr Kind ADHS hat. Was ist im jeweiligen Entwicklungsstadium Ihres Kindes vollkommen „normal" und was geht über die sogenannte Normalität hinaus?

Die drei wesentlichen Symptome für ADHS sind:

- Aufmerksamkeitsschwäche
- impulsives Verhalten
- manchmal auch Hyperaktivität

Die Ausprägung ist ganz unterschiedlich. Mal steht die Hyperaktivität im Vordergrund, mal die Aufmerksamkeitsschwäche. Aber Vorsicht! Nicht jedes unaufmerksame, zappelige Kind ist hyperaktiv oder hat gar ADHS! Vielleicht ist es eben nur sehr verspielt, lebendig, lebhaft und offen für die allgegenwärtige Reizüberflutung.

Laien können diese Diagnose ADHS nicht stellen. Hat man aber selbst die Vermutungen oder aber hat die Erzieherin einen Verdacht geäußert, dann ist der erste Schritt, zum Kinderarzt zu gehen, der Sie dann in der Regel an ein Sozialpädiatrisches Zentrum (SPZ), einen Psychologen, Kinderpsychotherapeuten oder Kinderpsychiater verweist.

 ## Erste Anzeichen selbst erkennen

Wenn Sie die folgenden Schwierigkeiten bei Ihrem Kind beobachten, sollten Sie sich mit dem Kinderarzt beraten:

- Ihr Kind kann sich sehr schlecht oder gar nicht konzentrieren.
- Ihr Kind lässt sich stärker ablenken als andere Kinder im gleichen Alter.
- Ihr Kind kann schlecht warten, redet dazwischen, handelt unüberlegt und manchmal auch riskant.
- Auf Sachen, die Ihrem Kind keinen Spaß bereiten, kann es sich gar nicht konzentrieren.
- Ihr Kind ist häufig zappelig und abgelenkt.
- Ihr Kind hält sich nicht an Regeln oder befolgt nicht Ihre Anweisungen.

Diese Schwierigkeiten können bei jedem Kind phasenweise auftreten. Nur wenn Ihr Kind sich ständig und in allen Lebensbereichen (also nicht nur im Kindergarten oder wenn ein bestimmter Freund zu Besuch ist) so verhält, kann das ein Hinweis auf ADHS sein.

Unterstützen Sie Ihr Kind nach der Diagnose

- Sollte bei Ihrem Kind ADHS diagnostiziert worden sein, sollten Sie es in vollem Umfang unterstützen und ihm die Sicherheit geben, die es jetzt so nötig braucht. Auch für Ihr Kind ist die Situation nach der Diagnose neu, es muss sich erst daran gewöhnen.

- Kinder mit ADHS reagieren oft unvorhersehbar. Hat Ihr Kind zu Hause eine sichere Spiel- und Lernumgebung, brauchen Sie sich als Eltern nicht ständig Sorgen zu machen. Ein Kind mit ADHS müssen Sie wahrscheinlich häufiger ermahnen als ein anderes Kind. Bleiben Sie aber trotzdem immer konsequent. Erwarten Sie nichts Unrealistisches von Ihrem Kind, sondern passen Sie Ihre Erwartungen an Ihr Kind an.

- Kinder mit ADHS haben schnell das Gefühl zu versagen, da sie kaum in der Lage sind, Aufgaben vollständig zu bearbeiten. Unterteilen Sie als Eltern die Aufgaben in kleinere, der Aufmerksamkeitsspanne Ihres Kindes angepasste Teilaufgaben. So steigt die Erfolgschance und Ihr Kind fühlt sich motiviert. Loben Sie Ihr Kind auch für die Bemühungen, die Aufgaben zu bewältigen, und nicht nur für das Endergebnis.

- Es kann sein, dass Ihrem Kind Medikamente verschrieben werden. Sollten Sie kein wirklich gutes Gefühl mit dieser Medikation und den Auswirkungen auf Ihr Kind haben, holen Sie sich auf jeden Fall eine zweite Meinung ein!

Buchtipp: Die besten Strategien im täglichen Umgang mit einem Kind mit ADHS finden Sie in dem Klassiker „Wackelpeter und Trotzkopf: Hilfen für Eltern bei ADHS-Symptomen, hyperkinetischem und oppositionellem Verhalten" von Manfred Döpfner, Stephanie Schürmann und Gerd Lehmkuhl.

Aggressives Verhalten

Vielleicht haben Sie das auch schon einmal beobachtet: Ihr Kind streitet sich mit einem Freund um ein Spielzeug und irgendwann hat einer angefangen zu hauen oder zu treten. Kinder haben oft noch nicht gelernt, Konflikte zu lösen, und so kann es passieren, dass sie aggressiv reagieren und schlagen, treten oder etwas kaputt machen

 ## So verhalten Sie sich richtig

- Erklären Sie, dass es Regeln im Spiel mit anderen (höflicher Umgang, Teilen, Abwechseln, etc.) gibt und dass sich jeder daran halten muss.
- Spielen Sie öfter mit Ihrem Kind Spiele, bei denen man sich abwechseln muss. Dadurch lernt es schon früh, dass es nicht immer dran ist.
- Wenn Ihr Kind die Regeln befolgt, also schön mit anderen Kindern spielt, sich abwechselt und teilt, loben Sie es für dieses Verhalten.

- Wenn Sie merken, dass ein Konflikt entsteht, bieten Sie Lösungsmöglichkeiten an und unterstützen Sie die Kinder bei der Lösungsfindung. Loben Sie, wenn eigenständig eine Lösung gefunden wird.
- Wenn die Situation doch eskaliert und ein Streit im vollen Gange ist, schreiten Sie direkt ein und sagen Sie laut und deutlich, dass das nicht in Ordnung ist und es Regeln für das Spielen gibt. Sollten die Kinder sich dann wieder einigen und miteinander weiterspielen, loben Sie direkt wieder.
- Sollte das Ermahnen nichts bewirken, seien Sie konsequent: Nehmen Sie zum Beispiel das Spielzeug, um welches gestritten wurde, für eine gewisse Zeit (z. B. fünf Minuten) weg: Wichtig: Erklären Sie Ihr Handeln. Geben Sie das Spielzeug nach der abgesprochenen Zeit zurück. So hat Ihr Kind jetzt die Chance, es richtig zu machen.
- Reagieren Sie also immer direkt auf aggressives Verhalten und sagen Sie verständlich, welches Verhalten Sie erwarten.

Extratipp für Väter

Und jetzt der Tipp für alle Väter, die erst abends von den Geschehnissen des Tages erfahren. Wenn Ihr Kind den Vorfall bereits mit seiner Mutter ausreichend bearbeitet hat, dann ist es unnötig, noch einmal mit einer deutlichen Reaktion oder gar Strafe auf das Geschehene zu reagieren. Sprechen Sie lieber mit Ihrem Kind über den Tag und fragen Sie es, ob es die Reaktion der Mutter auf den Vorfall verstanden hat. Und danach sollten Sie den Vorfall einfach „vergessen".

Hilfe, mein Kind ist hochbegabt

Hochbegabung löst bei vielen Menschen Unbehagen, Angst oder gar Neid aus. Deshalb verschweigen manche Eltern dieses Thema gegenüber anderen. Es ist jedoch absolut wichtig, mit Erziehern und Lehrern darüber zu sprechen, weil diese sonst nicht wissen, was mit Ihrem Kind los ist, und vielleicht falsch auf Ihr Kind zugehen.

Von Hochbegabung spricht man bei einem Intelligenzquotienten von 130 oder mehr. Die Wahrscheinlichkeit für eine Hochbegabung liegt lediglich bei 2,2 Prozent. Ihr Kind muss, nur weil es zum Beispiel in einem Teilbereich sehr gute Ergebnisse erzielt – also zum Beispiel schon besser rechnen kann als die anderen Kinder –, noch lange nicht hochbegabt sein.

Wie alle anderen auch, müssen sich auch Hochbegabte ihr Wissen zu Hause, im Kindergarten und in der Schule erst erarbeiten. Und sie müssen lernen, mit ihrer besonderen Intelligenz umzugehen.

Manchmal sind Kinder vom Unterricht regelrecht gelangweilt, beginnen Selbstgespräche zu führen oder sind dermaßen unterfordert, dass sie aggressiv und auffällig werden. Oft werden diese Aggressionen dann auch zu Hause rausgelassen. Dieses und ähnliches Verhalten wird häufig von der Umwelt nicht richtig gedeutet. Manchmal wird dann das Pauschalurteil gefällt: „Verdacht auf AD(H)S" und manchmal auch sofort das passende Rezept ausgestellt.

Natürlich ist nicht jedes verhaltensauffällige Kind gleich ein hochbegabtes Kind! Aber ein genaueres Hinschauen hat noch nie geschadet.

 ### Hinweise für eine Hochbegabung

- Hatten Sie das Gefühl, dass Ihr Kind nach der Geburt sehr schnell Ihren Augenkontakt gesucht hat? Das passiert normalerweise erst nach einigen Wochen.

- Können Sie bei Ihrem Kind ein ungewöhnliches Schlafverhalten beobachten? Nach zahlreichen Schilderungen und Beobachtungen schlafen einige Hochbegabte sehr wenig oder auch extrem viel.

- Geht Ihr Kind gerne in den Kindergarten? Oder verweigert es oft den Besuch und es gibt Ihrer Meinung nach keine Gründe für diese Verweigerungshaltung?

- Glauben Sie, dass Ihr Kind eine Entwicklungsphase übersprungen hat? Hat es z. B. sehr viel früher als die anderen Kinder angefangen zu reden? Hat es eventuell schon im ersten Lebensjahr gesprochen?

- Hat es im zweiten Lebensjahr schon ganze Sätze fast ohne grammatikalische Fehler gesprochen?

- Überrascht Sie Ihr Kind oft mit einem außerordentlich guten Gedächtnis? Sind die Aussagen und Erinnerungen immer sehr detailliert?

- Zeigt Ihr Kind schon sehr früh (etwa im dritten Lebensjahr) Interesse an Buchstaben und Zahlen? Hat es diese Zahlen und Buchstaben schnell gelernt oder sie sich gar selbst beigebracht?

- Verfügt Ihr Kind über eine sehr detaillierte Beobachtungs-gabe?
- Ist Ihr Kind sehr kreativ und hat es eine ausgeprägte Fantasie?
- Hatte oder hat es vielleicht einen imaginären Freund, mit dem es redet oder spielt?
- Klappt die Integration Ihres Kindes in eine Gruppe von Gleichaltrigen gut oder freundet es sich eher mit älteren Kindern an?
- Sagen andere Kinder über Ihr Kind, dass es ein „Besser-wisser" ist?
- Verhält sich Ihr Kind in der Schule aggressiv?
- Ist Ihr Kind der Gruppen- oder Klassenclown?
- Ist Ihr Kind zunehmend genervt und wütend, wenn es aus der Schule kommt?
- Wird Ihr Kind immer stiller und zieht es sich vom Unter-richt und den anderen Schulkameradinnen zurück? Dieses wird häufiger bei hochbegabten Mädchen beobachtet.

Hören können – hören wollen

Haben Sie manchmal das Gefühl, dass Ihr Kind nur das hört, was es hören möchte? So geht es schr vielen Eltern von Kleinkindern und phasenweise wird einen dieses Nichthö-renwollen bis ins Erwachsenenalter begleiten. Stellen Sie sich also am besten darauf ein, dass sich das Problem nicht von alleine lösen wird.

Manchmal sollten Sie sich als Eltern fragen, warum Ihr Kind nicht hört. Vielleicht stellen Sie zu viele, für das Kind unverständliche Regeln auf. Und da es die Notwendigkeit dieser Regeln nicht versteht, will es diese einfach nicht einhalten.

 ## Prüfen Sie Ihre Regeln!

- Überlegen Sie, ob Sie zu viele Regeln aufstellen. Regeln sind gut und wichtig, um Kindern eine Struktur zu geben. Zu viele Regeln beengen die Entwicklung Ihres Kindes. Kinder müssen die eine oder andere Erfahrung selbst machen. Warum soll ein Kind zum Beispiel keine rohen Kartoffeln essen? Klar, sie sind ungesund, aber lassen Sie Ihr Kind einmal eine rohe Kartoffel probieren. Dann wird es merken, dass diese gar nicht gut schmeckt, und von selbst das Interesse daran verlieren. (Natürlich können Sie so etwas nur bei ungefährlichen Dingen ausprobieren.)

- Erklären Sie Ihrem Kind die bestehenden Regeln kindgerecht. Erklären Sie ihm, dass Sie die Regeln nicht aufstellen, um es zu ärgern, sondern meist, um es vor etwas zu schützen.

- Seien Sie konsequent bei bestehenden Regeln. Wenn die gebrochen werden, warnen Sie Ihr Kind vor möglichen Konsequenzen, die Sie auf jeden Fall einhalten müssen. Wenn Sie dies nicht tun, verlieren Sie Ihre Glaubwürdigkeit.

- Nehmen Sie sich immer nur eine Regel auf einmal vor, sonst wird es unübersichtlich! Sie sollten für jede Regel, die Sie neu einführen oder auf die Sie in der nächsten Zeit achten wollen, auch eine Konsequenz aufstellen. Tun Sie dies am besten gemeinsam mit Ihrem Kind, wobei Kinder sich meist sehr drastische Konsequenzen überlegen, daher sollten Sie hier gegenregulieren. Eine Konsequenz sollte direkt erfolgen, nicht erst am nächsten Tag oder in der nächsten Woche, und eine Konsequenz sollte nicht zeitlich überdauernd sein – also keinen „Stubenarrest" für die ganze Woche.

Jammern und quengeln

Sie kennen es bestimmt auch, dass Ihr Kind jammert und quengelt. Erfahrungsgemäß erleben die meisten Eltern diese Situation als sehr stressig und sind genervt. Es gibt Kinder, die sprechen immer in der Jammer- und Quengeltonlage. Ist das bei Ihrem Kind auch so? Dann benötigen Sie und Ihr Kind Abhilfe. Ihr Kind muss üben, in einer annehmbaren Tonlage zu sprechen. Sie sollten lernen, wie Sie mit dem Jammern umgehen, und Ihrem Kind beibringen, wie es mit anderen vernünftig sprechen soll. Das hört sich ganz einfach an und ist es auch, Sie werden es erleben.

Was bedeutet Jammern? Überwiegend jammern bzw. quengeln meistens nur Kinder. Sie ziehen jedes Wort lang und sprechen beschwerend, wimmernd oder schluchzend. Erwachsene Ohren empfinden diese Mitteilungsart als sehr unpassend und unangenehm.

Wissen Sie, warum Ihr Kind jammert? Kinder äußern oftmals ihre negativen Empfindungen oder Stimmungen mit Jammern. Sie haben z. B. Hunger, sind müde, langweilen sich, sind krank, schlecht gelaunt, unglücklich oder unzufrieden. Die ganz kleinen Kinder quengeln mitunter, weil sie z. B. ein Anliegen nicht anders äußern bzw. darstellen können (beispielsweise eine nasse Windel).

Die Jammerphase wird weniger, sobald Ihr Kind äußern kann, was es möchte, und dabei auch noch lernt, wie mit geeignetem Klang gesprochen wird. Ihr Kind lernt wie man „Bitte", „Danke", „Ich hätte gerne" und „Ich möchte bitte" sagt.

Es gibt tatsächlich Kinder, die wimmernd sprechen, damit sie größeres Interesse auf sich lenken. Haben sie zuvor eine Frage in einem normalen Tonfall gestellt und wurden nicht beachtet, fragen sie das Gleiche noch einmal, allerdings im Jammerton, damit sie nun die Aufmerksamkeit auf sich lenken. Andere Kinder jammern, um ihre Wünsche zu erreichen. Haben sie damit Erfolg, jammern sie weiter. Die Folge ist, Ihr Kind lernt, dass es mit Jammern zum Ergebnis kommt. Machen Sie nicht den Fehler und lassen sich von dem Quengeln Ihres Kindes erweichen. Sie belohnen damit Ihr Kind indirekt. Es wird in diesem Fall ruhig sein, da es seinen Willen bekommen hat, aber beim nächsten Mal wird es seine Erfolgsmethode des Jammerns wieder einsetzen. Kinder, die ihren Willen nicht durchsetzen können, jammern häufiger. Entscheiden Sie etwas gegen den Willen Ihres Kindes, so ist es z. B. wütend und jammert. Wenn Ihr Kind etwas machen soll, was es nicht will, so quengelt es oftmals auch. Für das Jammern gibt es unzählige Ihnen bekannte Beispiele.

Mein Kind jammert, was kann ich jetzt machen?

- Bittet Ihr Kind Sie jammernd um etwas, dann pausieren Sie mit Ihrer Tätigkeit und wenden sich auf Augenhöhe Ihrem Kind zu. Sagen Sie ihm direkt, dass es aufhören soll zu jammern und seine Frage anders stellen soll: „Jennifer, hör sofort auf zu jammern. Frag bitte leise und höflich, ob du ein Stück Schokolade haben kannst."

- Zu Beginn sprechen Sie Ihrem Kind Beispielssätze vor, wenn eine Bitte anliegt, z.B. „Jennifer, frag bitte so: ‚Mama, kann ich bitte ein Stück Schokolade bekommen?'" Wichtig ist, dass Sie mit alltäglichen d. h. einfachen Worten sprechen, die Ihr Kind versteht und sagen kann. Hat Ihr Kind gelernt, angemessen zu fragen, dann erinnern Sie es beim nächsten Mal daran, dass es noch einmal mit ruhiger und freundlicher Stimme fragen soll.

- Kommt Ihr Kind Ihrem Wunsch nach und fragt höflich, dann loben Sie es und sagen Sie ihm, dass es sehr angemessen und freundlich gefragt hat. Sagen Sie ihm, dass Sie sich freuen, dass es so toll fragt.

- Kommt Ihr Kind leider nicht Ihrem Wunsch nach und fragt nicht höflich, sondern jammert weiter, dann wenden Sie eine logische Konsequenz an. Sinnvollerweise ist es wichtig, dass Sie Ihrem Kind nun nicht geben, was es jammernd erbittet. Sagen Sie ihm: „Lars, du hast immer noch nicht angemessen gefragt. Jetzt sind die Gummibärchen für zehn Minuten weg. Du kannst danach wiederkommen und noch einmal vernünftig fragen."

- Sind die zehn Minuten um und Ihr Kind hat zwischenzeitlich nicht mehr gequengelt, so loben Sie Ihr Kind dafür. Fragt es nun auch höflich und ruhig, loben Sie es nochmals und sagen Sie ihm, was Ihnen gefallen hat. Wichtig ist, dass Sie entscheiden, ob das Anliegen angemessen ist. Fragt Ihr Kind erneut unangemessen, dann wiederholen Sie die logische Konsequenz für eine längere Dauer und beachten Sie auf keinen Fall den Tonfall. Bis Ihr Kind gelernt hat, in einem höflichen und ruhigen Ton etwas zu erbitten, wird es einige Zeit dauern. Wenden Sie in dieser Zeit immer wieder die logische Konsequenz an.
- Jammert Ihr Kind weiter, so beachten Sie den Widerstand auf gar keinen Fall und gehen Sie auch keine Diskussionen ein.

Klammern

Fast alle Kinder klammern phasenweise oder in bestimmten Situationen. Warum tun sie das und wie kann man sein Kind unterstützen? Kinder klammern in Situationen, in denen sie sich unsicher fühlen oder vor etwas Angst haben. Bei Ihnen als Eltern fühlen sie sich sicher und geborgen – und somit klammern sie sich an Sie. Sie können Ihr Kind aber auch unterstützen, damit es selbstsicherer wird, sich mehr zutraut und vielleicht weniger klammert.

So lässt Ihr Kind wieder locker

- Nehmen Sie Ihr Kind mit seinen Ängsten und Sorgen ernst und fragen Sie nach, was es verunsichert oder wovor es Angst hat.
- Nehmen Sie Ihrem Kind nicht alles ab, sondern ermutigen Sie es, Dinge alleine zu machen. Wenn Sie an Ihr Kind glauben, lernt es auch, sich selbst zu vertrauen.
- Wenn Ihr Kind etwas Neues geschafft hat, loben Sie es und erkennen Sie seine Leistungen an.
- Wenn Ihr Kind einen Fehler macht, verspotten Sie es nicht, sondern loben Sie andere Dinge, die es richtig macht und schon kann.

Akzeptieren Sie, dass Kinder unterschiedlich sind. Wenn Ihr Kind also vom Charakter her schüchtern ist, nehmen Sie das an und zwingen Sie es nicht ständig in Situationen, mit denen es vielleicht überfordert ist. Damit würde Ihr Kind eher lernen, dass Sie nicht mit ihm zufrieden sind, und es würde noch verunsicherter werden.

Lüge oder Märchengeschichte?

Vielleicht haben Sie das ein oder andere Mal gemerkt, dass Ihr Kind Ihnen eine Lügengeschichte aufgetischt hat. Gerade im Kleinkindalter entwickelt sich bei Kindern die Fantasie und sie fangen an, Märchengeschichten zu erzählen. Das Wort Lügen ist sehr hart und es impliziert, dass etwas bewusst und mit Absicht falsch erzählt wird. Meist ist dies bei kleinen Kindern nicht der Fall, bei ihnen ist das Wort Märchengeschichten passender.

Kinder entwickeln in ihrer Fantasie die wildesten Geschichten und versuchen den Zuhörern weiszumachen, dass diese in der Realität passiert sind. In den meisten Fällen kann man über die aufgetischten Geschichten schmunzeln und sich an der Vorstellungskraft des eigenen Kindes erfreuen.

Doch wie reagieren Sie, wenn Ihr Kind plötzlich behauptet, dass es zum Beispiel geschlagen wird, von anderen Kindern oder sogar von einer Erzieherin?

Zu Beginn reagieren alle Eltern auf solche Andeutungen bestürzt, machen sich große Sorgen um ihr Kind und überlegen, wie sie es vor weiteren Angriffen schützen können. Dies ist richtig so, denn es könnte immer wahr sein, was Ihr Kind Ihnen gerade erzählt hat. Fragen Sie bei Ihrem Kind nach, wann und wo das passiert ist und ob dies auch mit anderen Kindern passiert. Erzählen Sie Ihrem Kind, dass es bei solchen Anschuldigungen ganz wichtig ist, die Wahrheit zu sagen. Erklären Sie, dass Sie vielleicht selbst schon das ein oder andere Mal geflunkert haben und dass es lustig ist, sich mit anderen einen Spaß zu erlauben, aber dass es ganz klare Grenzen gibt. Und dass es nicht aus Spaß sagen darf, wenn ein anderer es schlägt.

Was tun, wenn Ihr Kind absichtlich lügt?

Wenn Sie merken, dass Ihr Kind Sie absichtlich anlügt, sollten Sie sich fragen, warum es das tut. Vielleicht hat es Angst, Ihnen die Wahrheit über etwas zu sagen, Ärger zu bekommen oder nicht mehr geliebt zu werden. Versuchen Sie aus diesem Grund, Ihrem Kind immer das Gefühl zu geben, mit allen Sorgen und Ängsten zu Ihnen kommen zu können. Wenn zum Beispiel etwas Wertvolles kaputt gegangen ist, sollte das Kind nicht zu einer Notlüge greifen müssen („Das hat die Katze runtergeschmissen"), sondern Ihnen die Wahrheit erzählen. Erklären Sie ihm, dass Sie vielleicht mal schimpfen, aber dass jedem ein Missgeschick passieren kann und dass Sie es immer lieb haben – auch wenn Sie mit ihm schimpfen. Erklären Sie ihm, dass es Sie verletzt, wenn es Sie anlügt, und fragen Sie, wie es sich fühlen würde, wenn Sie es anlügen würden.

Mir ist sooo langweilig!

Häufig haben Kinder das Problem, dass sie sich langweilen. Fast immer liegt es daran, dass sie sich nicht entscheiden können, was sie spielen sollen, da sie viel zu viel Spielzeug haben. Deswegen gibt es in vielen Kindergärten inzwischen „spielzeugfreie Tage", an denen keine Spielsachen genutzt werden dürfen, sondern nur Decken oder Kissen, sprich Alltagsgegenstände, die in der Gruppe vorhanden sind. So müssen die Kinder anfangen, sich selbst Spiele auszudenken und sich miteinander zu beschäftigen.

Ein gesundes Maß an Langeweile ist wichtig, denn wenn ein Kind die ganze Zeit durch verschiedene Reize wie Kindergarten, Freunde treffen, Sport, Musikschule etc. beschäftigt ist, kann es gar keine eigenen kreativen Spielideen mehr entwickeln. Es verlernt, sich selbst zu beschäftigen, oder erlernt diese Fähigkeit möglicherweise gar nicht erst. Aus diesem Grund ist es sehr wichtig, dass Kinder phasenweise gar nicht „bespaßt" werden, sondern eigenständig kreativ werden müssen.

 ### Hilfreiche Tipps gegen Langeweile

- Wenn Ihr Kind rumnörgelt, weil es Langeweile hat, reagieren Sie nicht darauf, indem Sie ihm Vorschläge machen, sondern warten Sie einfach ab. Wenn Ihr Kind merkt, dass es keine Lösungen vorgegeben bekommt, wird es nach etwas Zeit anfangen, kreativ zu werden und sich selbst etwas auszudenken. Gehen Sie eine halbe Stunde später leise an der Kinderzimmertür vorbei, dann werden Sie hören, dass Ihr Kind eine eigene Beschäftigung gefunden hat und vergnügt spielt.
- Vielleicht können Sie gemeinsam mit Ihrem Kind überlegen, welche Spielsachen im Moment weggeräumt werden können. Die in vielen Kinderzimmern herrschende Reizüberflutung behindert in einem hohen Maß die Kreativität. Wichtig: Die Spielsachen werden nicht weggeschmissen oder verschenkt, sondern einfach für eine bestimmte Zeit gut verpackt im Keller verstaut. Zu einem späteren Zeitpunkt werden die Spielsachen wieder ausgetauscht. Ganz nach dem Prinzip „Weniger ist mehr".

Geringes Selbstwertgefühl

Die Basis für das Selbstwertgefühl bildet sich in den ersten sechs Lebensjahren Ihres Kindes. Ab dem sechsten Lebensjahr haben meist Lehrer, Freunde und gleichaltrige Kinder Einfluss auf das Selbstwertgefühl.

Ihr Kind beurteilt sich in den Phasen seines Heranwachsens immer wieder selbst. Hier entwickelt es seine eigene Bewertung, es versucht sich selbst einzuschätzen, den eigenen Wert zu bestimmen. Diese eigene Bewertung kann sich beispielsweise auf die eigene Persönlichkeit, die eigenen Fähigkeiten als Mensch (was leiste ich) oder das, wie ich mich selbst empfinde, beziehen.

Da ein „gesundes" Selbstbewusstsein extrem wichtig für Ihr Kind ist, haben Sie die Aufgabe, das Selbstwertgefühl Ihres Kindes zu fördern.

Was heißt das? Ihr Kind soll sich realistisch selbst beurteilen. Es soll die eigenen Stärken, aber auch Schwächen kennen und bewerten können, ohne dass es sich überschätzt und sich anderen Kindern gegenüber überlegen fühlt und entsprechend benimmt.

Ein Kind mit gesundem Selbstbewusstsein ist …

- meist zufrieden mit sich
- erfolgreich in der Schule
- strebsam
- gern behilflich
- beliebt
- imstande, nach neuen Herausforderungen zu suchen

- in der Lage, gut mit Schwierigkeiten umzugehen
- fähig, sich über Erfolge zu freuen
- willig, gefordert zu werden
- selten verhaltensauffällig

Ein Kind ohne oder mit geringem Selbstbewusstsein ...

- empfindet sich häufig als nicht beliebt
- empfindet sich als minderwertig
- ist angsterfüllt beim Ausprobieren von Neuem
- hat kaum eigene Ziele und erreicht diese nur selten
- geht nicht gerne zur Schule oder in den Kindergarten
- wird häufiger gemobbt
- entwickelt schneller Verhaltensauffälligkeiten
- lässt sich häufig von anderen Kindern ausnutzen
- zeigt sich häufiger deprimiert

Warum hat Ihr Kind ein geringes Selbstwertgefühl?

Meist liegt es daran, dass Ihr Kind negativ über sich selbst denkt. Sagt Ihr Kind, dass es sich selbst fies, blöd, hässlich, ekelig, doof, gemein findet oder nichts wert ist? Es gibt noch unzählige weitere negative Charaktereigenschaften, die Ihr Kind sich ausdenkt und äußert.

 So fördern Sie das Selbstwertgefühl Ihres Kindes

- Wie fast immer steht hier das Lob an oberster Stelle. Kehren Sie die Dinge heraus, die Ihr Kind gut macht, bevor

Sie etwas Negatives anbringen. Sagen Sie ihm: „Ich habe dich lieb, aber deine Meckerei gefällt mir ganz und gar nicht."

- Erhält Ihr Kind Lob, Anerkennung und Unterstützung, so ist es überwiegend glücklich und zufrieden. Hat Ihr Kind sich bemüht, etwas zu tun, aber Sie sind mit dem Ergebnis nicht zufrieden, so loben Sie auf jeden Fall die Bemühung.
- Loben Sie Ihr Kind für die Bemühung und den Fortschritt, so wird es immer motivierter sein, Aufgaben zu erfüllen und weiterzumachen.
- Haben Sie Geduld mit Ihrem Kind, auch wenn das Erlangen von guten Resultaten dauern wird. Akzeptieren Sie Ihr Kind so, wie es in dem Moment ist. Denken Sie also immer daran, auch dem Einsatz Beachtung zu schenken und zu loben.

Vermitteln Sie Ihrem Kind, dass auch Sie selbstbewusst sind. Zeigen Sie ihm im Alltag ein selbstbewusstes Verhalten und dass man zu seiner Meinung stehen und diese vertreten sollte. So kräftigen Sie das Selbstbewusstsein Ihres Kindes. Bestärken Sie Ihr Kind, sich mit anderen Kindern zum Spielen zu verabreden, sie mit nach Hause zu bringen und dadurch Freunde zu gewinnen. Traut sich Ihr Kind nicht, andere Kinder zu fragen, dann üben Sie ein solches Gespräch. So entwickelt sich das soziale Verhalten Ihres Kindes.

Unterstützen Sie Ihr Kind beim Erreichen von Wünschen und Zielen

Wissen Sie von den Wünschen und Träumen Ihres Kindes? Möchte Ihr Kind etwas Besonderes erreichen? Ermutigen Sie es, sich selbst machbare Ziele zu stecken. Kontrollieren Sie, dass das Ziel keine zu hohe Perfektion erfordert und Ihr Kind sich durch die hohe Erwartung nicht unter Druck setzt. Fleiß und Energie Ihres Kindes sollten Sie unterstützen. Es braucht die Chance sich auszuprobieren, sich etwas zuzutrauen.

Möchte Ihr Kind zum Beispiel auf etwas Größeres sparen, was es gerne haben möchte, so helfen Sie ihm mit Tipps, wie der Wunsch schneller in Erfüllung geht. Vielleicht erstellen Sie gemeinsam einen Plan, in welchen Teilschritten das große Ziel erreicht werden kann. Spornen Sie Ihr Kind in seinem Vorhaben an, helfen Sie, einen Anfang zu finden. Und bitte: Üben Sie möglichst keine Kritik!

Helfen Sie, eigene Entscheidungen treffen

Hat Ihr Kind zu Themen eine unterschiedliche Auffassung, so darf es diese äußern. Wenn es sagt: „Tante Emmi ist doof, weil sie immer möchte, dass ich auf ihren Schoß komme", versuchen Sie nicht, Ihrem Kind seine eigene Meinung auszureden. Ihr Kind muss für die Entwicklung des Selbstbewusstseins merken, dass es ernst genommen wird.

Auch Ihr Kind ist von Grund auf kreativ – kann dies aber eventuell nicht richtig äußern. Ihr Kind hat täglich viele Empfindungen, Träume, Ideen, Fantasien, Gedanken und

Wünsche. Alle Kinder müssen üben, sich mitzuteilen. Lassen Sie Ihr Kind mit seinen Worten darüber sprechen und fassen Sie danach nur kurz zusammen, was es gesagt hat. Fragen Sie dann nach, damit es lernt, eine eigene Meinung zu bilden.

Lassen Sie Ihr Kind auch selbst entscheiden? Fördern Sie Ihr Kind, Sachen auf seine eigene Art zu machen. Vorsicht davor, es dazu zwingen, Dinge zu tun, die Ihren eigenen Vorstellungen mehr entsprechen, als denen Ihres Kindes. Vertreten Sie Ihre eigene Meinung nie so stark, dass Ihr Kind sich genötigt fühlt, Klavier zu spielen, obwohl es lieber Gitarre spielen möchte, oder zum Ballett muss, obwohl es lieber zur Leichtathletik möchte.

Bilden Sie die Talente und Vorlieben Ihres Kindes aus. Ihr Kind sollte im angemessenen Rahmen eigenständig Entscheidungen treffen dürfen. Binden Sie es bei Entscheidungen des Familienalltags mit ein.

Was Sie Ihrem Kind vermitteln sollten

- Jedes Kind kann etwas anderes gut, und so ist es wichtig, dass es Personen gibt, die alle etwas anderes gut können.
- Hat man einen Fehler gemacht, ist das nicht schlimm, da man aus Fehlern lernt und es beim nächsten Mal besser macht.
- Ist ein Fehler passiert, so überlegen Sie gemeinsam, wie er korrigiert bzw. wieder gutgemacht werden kann.
- Ermutigen Sie Ihr Kind, über sich zu sagen, dass es etwas gutgemacht hat, und sich dafür selbst zu loben.

Lachen ist gesund

Wussten Sie, dass Kinder die Gefühlsäußerung „Lachen" am besten beherrschen? Wie schon der Volksmund sagt, ist Lachen gesund. Es lockert die Muskeln und kann von Ärger befreien, es setzt Glückshormone frei. Kinder, die lachen können, sind glücklich, zufrieden und entspannt.

Ihr Kind entwickelt den Sinn für Witz und Humor. Es lernt, lustige Geschichten zu erzählen. Fördern Sie das Talent Ihres Kindes in Gesprächen oder Spielen und haben Sie dabei Spaß.

Die Quasselstrippe

Eigentlich sollte man sich als Eltern freuen, ein mitteilungs-bedürftiges Kind zu haben, zumal „das viele Sprechen" auch häufig bedeutet, dass das Kind die Sprache übt und nach und nach immer besser im Sprachgebrauch wird. Jedoch ist es auch ganz normal, wenn Sie als Eltern dieses „pausenlose Gequassel", das zum Teil wahrscheinlich auch einige Wiederholungen beinhaltet, als anstrengend und nervenraubend empfinden. Ja, auch diese Gedanken darf man sich als Eltern eingestehen!

Was kann man als Eltern tun, wenn Sie etwas „quasselfreie Zeit" haben möchten, ohne das Kind zu demotivieren?

Versuchen Sie mit dem Kind Regeln aufzustellen, die für beide Parteien akzeptabel sind, und erklären Sie, warum das dauerhafte Gequassel Sie manchmal stört. Erklären Sie Ihrem Kind, dass es Sie interessiert, was es erzählt, aber irgend-wann Ihr Kopf voll ist und Sie dann erst wieder eine kurze Pause brauchen, damit wieder etwas Platz im Kopf ist.

Mögliche Regeln im Umgang mit Quasselstrippen

- Wenn Erwachsene telefonieren, wird nicht direkt daneben geredet. Erklären Sie Ihrem Kind, dass Sie sich nicht auf das Telefonat konzentrieren können, wenn es neben Ihnen sitzt und redet oder singt.

- Es muss nichts wiederholt werden, Sie fragen nach, wenn Sie etwas nicht verstanden haben. Oft passieren Wiederholungen unbemerkt. Weisen Sie Ihr Kind kurz darauf hin, dass es Ihnen genau dasselbe schon erzählt hat und Sie es schon verstanden haben.

- Wenn Sie sich auf etwas konzentrieren müssen, wird auch nicht auf Sie eingeredet. Sagen Sie deutlich, dass Sie jetzt aufmerksam sein müssen, aber dass Sie, sobald Sie fertig sind, wieder ganz Ohr sind.

- Im Spiel im Kinderzimmer darf so viel geredet und gesungen werden, wie Ihr Kind es möchte, dies beeinflusst Sie ja in keiner Weise, Sie können sogar die Tür zumachen und bekommen kaum etwas mit.

- Es gibt wichtige und weniger wichtige Informationen. Bei wichtigen Informationen darf Ihr Kind Sie auch stören, und Sie als Eltern hören immer direkt zu. Bei weniger wichtigen Informationen muss Ihr Kind mal etwas warten. Erklären Sie Ihrem Kind den Unterschied von wichtigen und weniger wichtigen Informationen altersgerecht.

Schimpfwörter

Irgendwann kommt der Tag, an dem schnappt jedes Kind das erste Schimpfwort auf. Meist passiert das im Kindergartenalter. Natürlich will keine Mutter und kein Vater, dass das eigene Kind solche Wörter benutzt. Oft haben Sie gar keine Möglichkeit, Ihr Kind vor diesen Wörtern zu schützen.

Tipp: Das Alter des Kindes im Blick haben

Wenn Ihr Kind unter drei Jahre alt ist, wird es bestimmt mal irgendwo ein Schimpfwort aufschnappen und munter nachplappern. Sie werden sich wahrscheinlich aufregen und versuchen zu unterbinden, dass es das immer und immer wieder sagt. Bei kleinen Kindern löst diese Reaktion aber genau das Gegenteil aus. In diesem Alter ist die einfachste Lösung, es zu ignorieren, auch wenn Ihnen das schwerfallen mag. Sobald Ihr Kleinkind merkt, dass es keine Reaktion bei Ihnen auslöst, wird es von alleine damit aufhören.

Sollte Ihr Kind über drei Jahre alt sein, wird es meist den Unterschied zwischen Gut und Böse und Richtig und Falsch unterscheiden können. Dann können Sie ihm erklären, dass gerade dieses Wort ein „böses" Wort ist und dass es nicht gut ist, es zu sagen. Erklären Sie ihm die Bedeutung des Wortes. Damit signalisieren Sie Ihrem Kind, dass Sie es ernst nehmen. Erklären Sie ihm, dass manche Menschen traurig, verletzt oder wütend werden, wenn man diese Worte zu ihnen sagt. Und fragen Sie es, ob es sich freuen würde, wenn ein anderes Kind dieses Wort zu ihm sagen würde.

Viele Kinder verstehen das und werden es sich zu Herzen nehmen. Sie können nicht verhindern, dass Kinder sich in verschiedenen Situationen gegenseitig dazu anstiften, Schimpfwörter zu sagen. Da dürfen Sie dann nicht allzu hart reagieren, das passiert nun mal. Oder haben Sie noch nie ein Schimpfwort in den Mund genommen?

Mein Kind sagt: „Blöde Mama"

Im Alter von zirka zwei Jahren erprobt Ihr Kind gerne die gegenseitigen Gefühle. Dies tut es gerne, indem es seine Mutter oder seinen Vater beschimpft, zum Beispiel mit dem Ausdruck „blöde Mama" oder „blöder Papa". Dies sagt das Kind nur, wenn es sich ganz sicher ist, dass Mutter oder Vater das Kind lieben. Kinder, die sich dessen nicht sicher sind, werden dies nie sagen.

Tipp: Nicht den Spieß umdrehen

Drehen Sie auf keinen Fall den Spieß um und sagen Sie „Blöder Benny!" Nehmen Sie die Aussage Ihres Kindes ganz gelassen und nicht persönlich. Natürlich können Sie Ihrem Kind sagen, dass es keine schöne Anrede ist, wenn man als „blöde Mama" tituliert wird. Oder Sie ignorieren die Aussagen Ihres Kindes einfach, dann wird Ihr Kind schnell die Lust daran verlieren.

Schlagen, treten, raufen

Kinder müssen manchmal ihre überschüssige Energie abladen und auch lernen, wo ihre körperlichen Grenzen sind. Daher ist es ganz normal und auch wichtig, dass Kinder spielerisch mit anderen Kindern oder mit Ihnen als Eltern ihre Kräfte messen. Lassen Sie Ihr Kind ruhig mal mit anderen Kindern raufen und rangeln, legen Sie aber immer Regeln fest, die befolgt werden müssen, auch wenn Sie nicht anwesend sind. Regeln können sein:

- Keine Schläge ins Gesicht.
- Wenn einer „Stopp" oder „Aua" sagt, wird sofort aufgehört!
- Es wird nur da gerauft, wo keine scharfen Ecken und Kanten sind, an denen man sich wehtun kann.

Versuchen Sie als Eltern nicht total überängstlich zu sein und diese Rangeleien zu unterbinden, damit würden Sie Ihr Kind nur verunsichern und ihm die Chance nehmen, ein ausgeprägtes Selbstbewusstsein zu entwickeln.

Tipp für Väter: Suchen Sie den „Kampf"

Lassen Sie ruhig den Papa mit dem Sohnemann im Garten mal „kämpfen". Organisieren Sie eine gemeinsame Kissenschlacht am Wochenende im Elternbett. Machen Sie auch einmal Armdrücken, bei dem Ihr Kind gewinnt. Aber ziehen Sie eine deutliche Grenze zu körperlicher Gewalt! Immer wenn Ihr Kind schlägt, kratzt und beißt sollten Sie die Aktivität sofort stoppen und das Geschehene mit dem Kind durchsprechen!

Schreien – wie Sie damit am besten umgehen

Wenn Ihr Kind schreit, sollten Sie als Eltern natürlich immer als Erstes dem Grund des Schreiens nachgehen. Schon bei Babys kann man oft anhand der Intensität und der Dauer des Schreiens feststellen, ob das Baby schreit, weil es Hunger hat, Nähe möchte oder Schmerzen hat. Ähnlich ist es bei Kleinkindern auch. Es gibt Kinder, die schreien nur, wenn wirklich etwas Ernstes ist. Und es gibt Kinder, die schreien, um ihrer Wut Ausdruck zu verleihen, Aufmerksamkeit zu bekommen, ihren Willen durchzusetzen oder aus einem von vielen weiteren Gründen.

Sollte kein ernsthafter Grund vorliegen, warum Ihr Kind schreit, sollten Sie erst einmal versuchen, das Schreien zu ignorieren, damit Ihr Kind lernt, dass es so nichts erreicht. Selbst wenn es durch das Schreien nicht das bekommt, was es will, bekommt es zumindest eine gewisse Aufmerksamkeit, wenn Sie darauf reagieren. Es ist nicht leicht, ein schreiendes Kind zu ignorieren, und es wäre einfacher, anzufangen zu schimpfen, zu drohen oder Ähnliches. Aber dadurch würde Ihr Kind gerade die vielleicht gewünschte Aufmerksamkeit bekommen.

Wenn Ihr Kind sich etwas beruhigt hat, können Sie versuchen, ein normales Gespräch mit ihm zu führen, indem Sie erklären, dass Sie auf Schreien nicht reagieren werden, da es ein unangemessenes Verhalten ist. Erklären Sie auch, warum es unangemessen ist.

Versuchen Sie erst dann herauszubekommen, warum Ihr Kind überhaupt geschrien hat, vielleicht finden Sie ja gemeinsam eine Lösung für das Problem.

Schüchternheit

Jedes Kind ist anders, somit gibt es Kinder, die vor Selbstbewusstsein strotzen, und Kinder, die sich lieber immer hinter Mama und Papa verstecken. Einige Wesensmerkmale sind auch genetisch bedingt, aber vieles ist anerzogen oder kann durch einige Unterstützung beeinflusst werden. Eltern schüchterner Kinder können ihre Kinder dabei unterstützen, jeden Tag etwas selbstbewusster zu werden. Wichtig dabei ist jedoch, dass Sie als Eltern Ihr Kind nicht überfordern oder unter Druck setzen, denn das hätte wahrscheinlich zur Folge, dass es noch unsicherer würde. Versuchen Sie also, ein gutes Maß zu finden.

 Tipps gegen Schüchternheit

- Um Kinder von klein auf daran zu gewöhnen, Kontakte zu knüpfen und bei Fremden nicht zu schüchtern zu sein, ist es hilfreich, schon früh in Krabbel- und Spielgruppen zu gehen. In diesen Gruppen lernen Kinder, dass Kontakt zu unbekannten Personen in Ordnung ist, und somit werden die ersten Hemmnisse abgebaut.
- Geben Sie Ihrem Kind die Chance, Erfolg bei etwas zu haben. Überlegen Sie, an was Ihr Kind Spaß und Freude hat, stellen Sie es in diesem Bereich vor neue Herausfor-

derungen und loben Sie es dann für das Erreichte. Wenn Ihr Kind beispielsweise gerne klettert, könnten Sie mit ihm auf einen neuen Spielplatz mit höheren Klettergerüsten gehen. Wenn Ihr Kind es schafft, diese schwierigeren Klettergerüste hochzuklettern, sollten Sie es für seinen Erfolg ausgiebig loben.

■ Tauschen Sie mal mit Ihrem Kind in einer Situation die Rollen. Da die meisten Kinder Spaß an Rollenspielen haben, wird Ihr Kind wahrscheinlich gerne mitmachen. Lassen Sie sich zum Beispiel auf dem Rückweg vom Kindergarten den Weg von Ihrem Kind zeigen. An dieser Aufgabe kann es kaum scheitern, da Sie wahrscheinlich regelmäßig den Weg gehen und es die Strecke verinnerlicht hat. Aber Ihr Kind wird Spaß an der Rolle und der damit zusammenhängenden Verantwortung haben. In solchen Rollenspielen lernt Ihr Kind seine eigenen Fähigkeiten kennen und wird über sich hinauswachsen.

■ Besorgen Sie Ihrem Kind ein „Krafttier" oder Ähnliches. Das kann zum Beispiel ein winzig kleines Kuscheltier, ein schöner Stein oder etwas anderes Kleines sein, was Ihr Kind immer bei sich tragen kann. Erzählen Sie zu diesem Gegenstand eine spannende Geschichte und dass er verborgene Kräfte hat, die er von nun an mit Ihrem Kind teilt, wenn es ihn bei sich trägt. Da Kinder sehr empfänglich für Märchen und Mythen sind, kann es gut sein, dass es sich zusammen mit diesem Gegenstand sicherer und mutiger fühlt.

Das Allerwichtigste ist jedoch immer, dass Sie als Eltern Ihrem Kind vermitteln, dass es in Ordnung ist, genau so, wie es ist. Ob schüchtern oder mutig, ob laut oder leise: Das Bewusstsein geliebt zu werden, bietet Kindern viel Sicherheit.

Supermarkt: Ich will das haben!

Vielleicht kennen Sie ja auch das Problem, dass Sie manchmal am liebsten nur noch alleine einkaufen gehen würden, weil Ihr Kind sich im Supermarkt zu einem Tyrannen entwickelt, der spätestens an der Kasse irgendetwas Bestimmtes haben möchte, was Sie wahrscheinlich nicht kaufen wollen. Diese Schwierigkeiten haben eigentlich fast alle Eltern.

Wichtig ist immer, dass Sie konsequent bleiben und sich nicht erweichen lassen, auch wenn von allen Seiten strafende Blicke kommen, wenn Ihr Kind einen Aufstand macht. Sollten Sie einmal anfangen einzuknicken, wird Ihr Kind seine Show jedes Mal abziehen.

 So kommen Sie stressfrei durch den Supermarkt

- Machen Sie Ihrem Kind schon vor dem Einkauf klar, dass es sich nichts extra aussuchen darf, es sich aber im Vorfeld überlegen kann, welches Obst, Brot oder Müsli es gerne essen möchte.
- Lassen Sie Ihr Kind beim Einkaufen helfen, sagen Sie ihm, was Sie brauchen, und lassen Sie es danach Ausschau halten.

- Versprechen Sie Ihrem Kind, dass es sich nach dem stressfreien Einkauf ein Brötchen beim Bäcker aussuchen darf – lieber ein Brötchen als eine Tafel Schokolade!
- Kinder fühlen sich von den bunten Süßigkeiten im Kassenbereich magisch angezogen. Es ist unmöglich, sie von Süßigkeiten fernhalten. Vielleicht überlegen Sie gemeinsam, dass eine Tüte oder Packung für die gesamte Familie ausgesucht wird – aber nur, wenn es keinen Ärger an der Kasse gibt.

Fazit
Treffen Sie Absprachen und beziehen Sie Ihr Kind in den Einkauf mit ein!

Stehlen

Hat Ihr Kind auch schon mal etwas mit nach Hause gebracht, das ihm nicht gehört? Oder sind bei Ihnen zu Hause schon Dinge oder Geld verschwunden? Sie können es sich zwar nicht vorstellen, dass Ihr Kind gestohlen hat, aber es lässt sich nicht wirklich ausschließen oder leugnen. Es gibt wirklich viele Kinder, die das Stehlen einmal testen. Überwiegend geht diese, für sie selber ganz schreckliche Phase Ihres Kindes schnell vorbei. Klaut Ihr Kind allerdings weiter, können Sie sich nicht mehr auf Ihr Kind verlassen, und das Stehlen kann für Sie und Ihr Kind zu Schwierigkeiten in der Familie, im Kindergarten, der Schule und im weiteren Umfeld führen.

Ihr Kleinkind erkennt nicht, dass Stehlen, Leihen und Nehmen ohne Erlaubnis verschiedene Dinge sind. Ist Ihr Kind im Grundschulalter, weiß es schon ganz genau, was Eigentum heißt und dass man anderen nichts wegnimmt, was einem nicht gehört.

Kinder stehlen oftmals, vielleicht auch Ihr Kind, weil sie sich damit einen Wunsch erfüllen, den sie ansonsten nicht so schnell erfüllt bekommen hätten. Ihr Kind belohnt sich selbst in zweifacher Weise: Es erhält die gestohlene Sache und kann sich darüber freuen, dass es nicht beim Stehlen ertappt wurde. Eventuell möchte sich Ihr Kind auch im Freundeskreis hervorheben. Vielleicht gehört es im Umfeld Ihres Kindes auch dazu oder ist eine Mutprobe, die bestanden sein muss, um dazuzugehören. Ebenso kann es sein, dass Ihr Kind klaut, weil es dadurch Aufmerksamkeit von anderen erhält.

Hat Ihr Kind schon Ihnen nicht bekannte Dinge mit nach Hause gebracht? Bestimmt hat es dann gesagt, dass es von einem Freund ist oder es den Gegenstand gefunden hat, oder?

Einige Eltern reagieren erst, wenn sie nachweisen können, dass ihr Kind gestohlen hat. Das Stehlen zieht somit erst eine verspätete Auswirkung mit sich. Folgt keine direkte Konsequenz auf das Stehlen Ihres Kindes, so besteht die große Gefahr, dass es weiter klauen wird.

Weitere Gründe für das Stehlen können sein, dass das Selbstbewusstsein Ihres Kindes zu gering ist, dass es Probleme im Umgang mit anderen Kindern hat, es Probleme in der Schule gibt. Kinder, die stehlen, benehmen sich oft auch gewalttätig, ungezogen und sagen nicht die Wahrheit. Liegen bei Ihrem Kind derartige Anzeichen vor, so lassen Sie sich unbedingt professionell helfen.

Sprechen Sie Ihr Kind direkt an und sagen Sie, was Sie festgestellt haben, z. B. „Richard, ich hatte in der Schale fünf Euro liegen, die jetzt weg sind. Nur wir zwei sind im Haus und ich habe den Schein nicht herausgenommen." Erklären Sie ihm, dass es den geklauten Gegenstand direkt wiedergeben muss – falls noch vorhanden. Erläutern Sie in jedem Fall das Problem und die Konsequenz.

Hält das Stehlen über eine längere Zeitspanne an oder kommt es auch auswärts vor, dann können Sie davon ausgehen, dass auch noch andere Personen verwickelt sind. Sprechen Sie mit allen Beteiligten über das Problem und wie Sie ein positives Ergebnis herbeiführen können. Alle Betroffenen sollen Ihr Kind genau beobachten.

Verzweifeln Sie nicht, wenn diese Phase länger andauert als erhofft. Ihr Kind muss lernen, dem Reiz entgegenzuwirken, und das kann etwas Zeit erfordern.

Teilen

Das Teilen ist in der Entwicklung Ihres Kindes ein brisantes und wichtiges Thema. Es ist eine Eigenart, die jeder erst mühsam erlernen muss. Der angeborene Instinkt, etwas besitzen zu wollen, widerspricht dem Teilen. Ihr Kind ist ganz oft besitzergreifend, da es gerade erst lernt, was Eigentum heißt. Es verteidigt seine Sachen, sein Spielzeug, nimmt anderen Kindern etwas weg, wird kratzbürstig und lehnt sich auf. Auf gar keinen Fall will es sein Spielzeug teilen. Diese Situation kennen Sie bestimmt schon.

Kinder können Dinge nicht aus der Sicht eines anderen sehen, bis sie zirka vier oder fünf Jahre alt sind. Vor diesem Alter kann Ihr Kind einen Satz wie: „Der Martin ist jetzt ganz enttäuscht, weil er nicht auch mit dem Trecker spielen darf" nicht verstehen. Ihr Kind hat den Martin bestimmt gerne um sich, aber die beiden spielen eher nebeneinander als gemeinsam. Die Erfahrung zeigt, dass Kinder zunächst überwiegend nicht teilen. Ab dem Alter von zirka vier Jahren kann ein Kind die Beweggründe eines anderen erkennen und weiß daher, was teilen, sich abwechseln oder tauschen ist.

Sie haben bestimmt nicht immer Zeit, Ihr Kind beim Spielen in Anwesenheit eines anderen Kindes zu beobachten. Um Streit über das Spielzeug zu vermeiden, sorgen Sie dafür, dass die Kinder nicht direkt nebeneinander spielen. Schauen Sie zwischendurch immer mal kurz nach den Kindern und loben Sie sie für ein harmonisches Spielen.

Behandeln Sie alle Kinder, die miteinander spielen, gleich. Egal, wie alt sie sind. Es darf keine Konkurrenz zwischen ihnen auftreten. Ein Beispiel: Ihr kleiner und jüngerer Sohn nimmt dem großen und älteren Nachbarsjungen immer wieder das Sandspielzeug weg. Schauen Sie darüber nicht hinweg, nur weil Ihr Kind das jüngere ist und es nicht versteht, was es tut. Es darf nicht passieren, dass nur das ältere Kind Zugeständnisse machen muss und sich alles gefallen lassen soll. Sonst würde das ältere Kind sehr schnell deprimiert und enttäuscht sein.

Zu einem Streit gehören immer zwei. Behandeln Sie daher möglichst alle Kinder gleich.

Schwierig kann es werden, wenn ältere und/oder größere Kinder alles entscheiden wollen und die Kleinen nicht mitmachen lassen. Wichtig ist, dass Sie als Erwachsene hier eingreifen und dafür sorgen, dass alle teilen.

Behandeln Sie auch den Besuch wie Ihre eigenen Kinder. Ihre Abläufe und Gewohnheiten teilen Sie den Kindern und deren Eltern mit und bitten Sie, diese in Ihrem Haus zu akzeptieren, auch wenn Sie dem Besuchskind etwas untersagen oder erlauben.

 ### Drei Schritte, wie Sie Ihrem Kind das Teilen beibringen können

- Schritt 1: Ihr Kind prägt sich das am schnellsten ein, was Sie ihm vormachen. Seien Sie Ihrem Kind ein guter Lehrmeister. Das fängt bei Kleinigkeiten an. Trinken Sie gerade einen Saft, so bieten Sie Ihrem Kind davon an. Essen Sie ein Stück Schokolade, so teilen Sie es mit Ihrem Kind. Lassen Sie Ihr Kind an der Tätigkeit, die Sie gerade verrichten, teilhaben.

- Schritt 2: Im Spiel können Sie geschickt mit Kindern das Teilen üben, indem Sie sie auffordern, die Spielzeuge untereinander zu tauschen. Wenn die Kinder sich dann abwechselnd mit den Spielsachen beschäftigen und dabei gemeinsam spielen, loben Sie sie sofort. Üben Sie anfangs nur zwischen zwei und fünf Minuten mit ihnen. Die Zeit können Sie dann nach und nach langsam steigern.

■ Schritt 3: Wenn Sie feststellen, dass ein Kind dem anderen etwas wegnehmen will, so greifen Sie schnell ein. Kommen Sie dem Kind nur bis auf eine Armlänge nahe und halten Sie seine Hand fest. Erinnern Sie das Kind daran, dass es um das gewünschte Spielzeug bitten soll, und so lange warten muss, bis es an der Reihe ist. Wenn das Kind dann fragt und wartet, ist es ganz wichtig, dass Sie es loben.

Probleme beim Teilen – und nun?

Ihr Kind benötigt genaue Anweisungen. Versucht es einem anderen etwas wegzunehmen, dann sagen Sie ihm direkt, was es nicht darf und was es tun soll. Zum Beispiel „Lara, nimm Nils nicht das Auto weg, solange er damit spielt. Gib Nils das Auto zurück, damit er weiterspielen kann."

Gibt Ihr Kind das weggenommene Spielzeug nicht sofort zurück, dann greifen Sie ein, nehmen Sie es ihm weg und geben Sie es dem anderen Kind zurück. Sein Verhalten hat nun eine Konsequenz. Machen Sie Ihrem Kind klar, warum Sie so handeln. „Lara, du versuchst immer noch, Nils das Spielzeug wegzunehmen. Deshalb ist Nils noch einmal für fünf Minuten dran." Diese Dauer ist für ein Kind lang genug. Sollte Ihr Kind beleidigt sein und schimpfen, so gehen Sie auf keinen Fall auf eine Diskussion über Ihre Entscheidung ein.

Nach Beendigung der zusätzlich entstandenen Wartezeit, in der Nils nochmals mit dem Auto spielen durfte, sollte Ihr Kind die Chance bekommen, nach dem Auto zu fragen. Tut es das und wartet es dann, so loben Sie es für sein Verhalten.

Hält allerdings das schwierige Benehmen weiter an oder wiederholt es sich später, dann sollten Sie die logische Konsequenz wiederholen. Nun erhöhen Sie die Dauer, zum Beispiel auf eine halbe Stunde oder länger.

Wie verhalte ich mich, wenn ich nicht mitbekommen habe, was vorgefallen ist?

Sie kennen die Situation bestimmt auch, dass Kinder sich auf einmal lauthals wegen eines Spielzeugs streiten. Niemand kann sagen, wer das Teil zuerst hatte und wie es zu dem Streit kam.

Bitte geben Sie nicht dem Jüngsten automatisch recht, weil es am heftigsten brüllt. Die anderen würden so lernen, dass man nur ganz laut schreien muss, um seinen Willen durchzusetzen. Fragen Sie auch nicht die Älteren, was passiert ist, auch wenn diese provoziert wurden. Kinder im Alter von zwei bis vier Jahren können nicht genau berichten und beurteilen, was passiert ist.

 ### So finden Sie eine Lösung

- Sie entscheiden, wer nun als Erstes das Spielzeug bekommt, und sagen, was getan werden soll: „Lara und Nils, ihr hört nun sofort auf, zu streiten. Ihr müsst euch mit dem Trecker abwechseln. Nils, du bist nun als Erstes dran und danach du, Lara." Wichtig ist, dass Sie nicht immer dasselbe Kind beginnen lassen. Es darf niemand benachteiligt werden.

- Teilen die Kinder und wechseln sich ab, so vergessen Sie nicht, sie zu loben.
- Beachten Sie weder den Widerspruch noch das Meckern der Kinder.
- Einigen sich die Kinder nicht allein, so nehmen Sie das Spielzeug für ca. fünf Minuten an sich und entscheiden Sie dann gemeinsam, wer danach damit spielen darf. Loben Sie auch hier die Kinder, wenn sie nun teilen, sich abwechseln und miteinander spielen.

Trödeln

Kinder haben noch kein ausgeprägtes Zeitgefühl und verstehen meist noch nicht genau, dass jeder Mensch bestimmte Verpflichtungen hat, die es pünktlich zu erledigen gilt. Deswegen kann es sein, dass Ihr Kind gerne trödelt, sich langsam anzieht, beim Essen vor sich hin träumt oder Aufgaben im Schneckentempo erledigt.

Das macht Ihr Kind nicht absichtlich! Es versteht einfach nur noch nicht die Notwendigkeit des Beeilens. Das wird sich mit der Zeit legen.

 Wie Sie es schaffen, dass Kinder sich beeilen

- Versuchen Sie Ihr Kind zu einem Wettkampf zu animieren, Kinder finden diese spielerische Herausforderung klasse. Zum Beispiel können Sie einen Wettkampf mit ihm machen, wer als Erstes mit seinen Aufgaben oder dem Anziehen fertig ist. Nehmen Sie die Eieruhr dazu!

- Führen Sie das „Zählen" ein. Sagen Sie Ihrem Kind, dass Sie zählen, wie lange es für eine bestimmte Aufgabe benötigt. Das wird seinen Ehrgeiz wecken und es wird sich bemühen, ganz schnell zu sein. Dies können Sie jeden Tag bei derselben Aufgabe wiederholen.
- Manchmal ist es gerade morgens schwierig, wenn Ihr Kind trödelt. Sie können auch hier ein Bonussystem installieren und an jedem Morgen, an dem das Anziehen und Waschen toll geklappt hat, ein Sternchen in die Sammelkarte malen. Und wenn Ihr Kind 20 Sternchen hat, dann gibt es einen Pfannkuchen zum Frühstück. Nach ein paar Pfannkuchen wird Ihr Kind wahrscheinlich das morgendliche Trödeln sein lassen. Dann ist es Zeit, das Bonussystem wieder einschlafen zu lassen.

Die Trotzphase

Die folgenden Verhaltensweisen Ihres Kindes kennen Sie bestimmt schon – wenn nicht, lernen Sie sie sicher bald kennen: In Ihrem Liebling erwacht das eigene Ich und er bekommt zum Beispiel plötzlich einen starken Wutanfall oder fängt aus dem Nichts heraus an zu schreien, stampft mit dem Bein auf oder wirft sich mit den Fäusten trommelnd auf den Fußboden. Was nun? Wissen Sie schon, wie Sie nun am besten reagieren und welche Hilfe Ihr Kind benötigt?

Oberstes Gebot: Bleiben Sie ruhig!

Im Entwicklungsprozess Ihres Kindes ist die Trotzphase ein ganz wichtiger Wendepunkt, der Ende des zweiten Lebensjahres beginnt und ungefähr bis zum vierten Lebensjahr andauert. Bei Ihrem Kind zeigt sich nun zum ersten Mal der ganz wichtige kindliche Selbstbehauptungswille. Es ist nicht, wie Sie vielleicht denken, nur einfach trotzig und widerspenstig. Nein, es wird selbstständig und will seinen Willen durchsetzen. Ihm fehlt allerdings das Geschick, seine Gefühle auszudrücken und mit ihnen umzugehen. Auf das Gefühlschaos reagiert es daher mit trotzigem Verhalten. Ihr Kind ist nicht mehr das immer liebe Kind, es hört nicht mehr auf Sie, ist nicht folgsam und zum Teil aggressiv. Sie entdecken jeden Tag neue Verhaltensweisen in Ihrem Kind. Diese Phase ist ein ganz wichtiger Schritt in der Persönlichkeitsentwicklung Ihres Kindes. Bleiben Sie ruhig und gelassen dabei, auch wenn es für Sie anstrengend ist. Nehmen Sie das Verhalten auf keinen Fall persönlich. Ihr Kind ist gerade dabei, seine eigenen Wege zu gehen, die Welt und das Leben zu erstürmen. Wie Sie sich schon denken, ist das für Ihr Kind nicht einfach, da es mit seinem Verhalten ständig seine Grenzen kennenlernt, da es etwas noch nicht kann oder darf. Dass Sie nicht selten genervt und ärgerlich über das Benehmen Ihres Kindes sind, ist völlig klar. Schenken Sie Ihrem Kind auch in schwierigen Situationen Beachtung, Ruhe und Geduld.

Kennen Sie nicht auch Situationen, in denen alles schiefläuft, was nur schiefgehen kann, und Sie sauer sind und im Moment keinen Ausweg wissen? Denken Sie an solche Situationen, dann sind Sie in der Lage, Ihr Kind besser zu verstehen und es mit mehr Nachsicht zu unterstützen.

Das können Sie tun, um das Trotzen Ihres Kindes zu verhindern

- Vor allem: Bleiben Sie ruhig und gelassen!
- Versuchen Sie, Situationen, die Streit auslösen können, einzugrenzen. Ziehen Sie Gegenstände, die der Auslöser sein können, vorab aus dem Verkehr, damit es im Zweifel um diesen Gegenstand keinen ständigen Streit gibt.
- Ihr Kind braucht klare Worte und Grenzen. Diskutieren Sie nicht unnötig, sondern erklären Sie kurz und eindeutig, warum Sie etwas nicht erlauben. Bleiben Sie vor allem konsequent und geben Sie nicht nach, auch wenn Ihr Kind weiterschreit und Ihnen das in der Öffentlichkeit peinlich ist.
- Sagen Sie Ihrem Kind, dass Sie es lieben, auch wenn Sie nicht einer Meinung sind.
- Ermöglichen Sie es Ihrem Kind, sich frühzeitig auf Änderungen einzustellen. Sagen Sie zum Beispiel Ihrem im Spiel vertieften Kind bereits zehn Minuten vorher, dass es gleich Essen gibt. So kann es sich frühzeitig darauf vorbereiten und die Unterbrechung leichter annehmen.
- Bemerken Sie, dass sich ein Wutausbruch oder Streit anbahnt, versuchen Sie direkt, Ihr Kind abzulenken. Vielleicht gibt es zur Beschäftigung eine Alternative. Helfen Sie mit einem Vorschlag.

Ungehorsam – wenn Ihr Kind nicht gehorchen will

Fragen Sie sich auch, wie Sie ehrlich mit Ihrem Kind umgehen sollen und trotzdem konsequent Regeln anwenden können? Sie kennen es bestimmt, dass Ihr Kind auf alles, was Sie ihm sagen, ein „Nein" entgegnet. Es windet sich still und leise um Ihre Anweisungen herum.

Diese für Sie anstrengende Phase folgt meist direkt nach der Trotzphase, die ungefähr mit vier Jahren endet. Ihr Kind befindet sich im Alter zwischen vier und sechs Jahren im sogenannten „Märchenalter". Ihr Kind möchte alles über „gut und böse" und „richtig und falsch" wissen. Aus diesem Grund hält es sich oft an Ihre klaren und sinnvollen Regeln. Allerdings wird es immer wieder vorkommen, dass es Ihre Anweisungen nicht befolgt und seine Grenzen erprobt. Auch dieses Verhalten ist völlig normal.

 Das können Sie machen, wenn Ihr Kind nicht gehorchen will

■ Zeigen Sie Ihrem Kind regelmäßig, dass Sie es lieben und schätzen, gerade dann, wenn Ihr Tag oft von Widerstand, Zanken und Maßregeln begleitet ist. Ihr Kind hat bestimmt auch gute Seiten, die Sie besonders hervorheben und loben können. Loben Sie Ihr Kind mit streicheln, in den Arm nehmen, küssen oder sagen Sie ihm, dass Sie es zum Beispiel gut finden, dass es ohne Aufforderung vor dem Essen seine Hände gewaschen hat.

- Haben Sie Ihrem Kind zu viele Verbote und Regeln auferlegt, die auch noch viel zu schwierig umzusetzen sind? Wenn Sie diese Frage mit „Ja" beantworten können, dann sollten Sie schnell etwas ändern. Legen Sie nur wenige Regeln fest, die strikt eingehalten werden müssen. Ansonsten kann sich Ihr Kind mit zu vielen Anweisungen und Dingen, die es nicht darf, unterdrückt und eingeengt fühlen.

- Drohen Sie häufig? Sind Ihre Drohungen ernst zu nehmen oder sprechen Sie auch „leere" Drohungen aus? Äußern Sie grundsätzlich keine leeren Drohungen, wie „Dann nehme ich dich nicht mehr mit." Sie würden nie Ihr vierjähriges Kind allein zu Hause lassen. Es lernt durch Ihre leere Drohung allerdings, dass es Sie nicht ernst nehmen muss.

- Wenn Ihr Kind versteht, warum es eine Regel einhalten soll, dann wird sie auch funktionieren. Ein positiver Ansporn durch Ihre Aufmerksamkeit, Zuneigung und Liebe verstärkt den Effekt. Übertreiben Sie keine materiellen Belohnungen, sonst erfüllt Ihr Kind nur dann Ihre Regeln, wenn es entsprechend belohnt wird.

- Bestrafen Sie Ihr Kind oft? Bestrafungen sollten immer nur auf den direkten Verstoß gegen Ihre Anweisung folgen, also eine logische Konsequenz sein. Oft ruft Strafe neue Ungehorsamkeit als Gegenmaßnahme gegen Ihre Bestrafung hervor. Ihr Kind fühlt sich von Ihnen nicht fair behandelt. Wiederholen Sie keine Strafe, wenn sie nichts bringt oder keine Bedeutung hat.

Beachten Sie folgende Punkte, damit Ihr Kind Ihren Regeln und Anweisungen folgen kann:

- Nennen Sie Ihr Kind beim Vornamen, so bekommen Sie schneller die Beachtung. Und reden Sie laut und deutlich mit ihm.
- Gehen Sie auf die Augenhöhe Ihres Kindes.
- Suchen Sie Körperkontakt, indem Sie z. B. Ihre Hand auf den Arm des Kindes legen. Ihr Kind kann sich so besser auf Sie konzentrieren.
- Bleiben Sie bei Anweisungen und Untersagungen immer konsequent und diskutieren Sie nicht.
- Wichtig sind ganz genaue Erläuterungen, was es tun soll bzw. was Sie von ihm erwarten, z. B.: „Claudia, sitz bitte gerade am Tisch." Oder „Claudia, bitte halte die Gabel richtig."
- Haben Sie den Eindruck, dass Ihr Kind Ihre Anweisung nicht gehört hat, lassen Sie diese von ihm wiederholen.

Die „1-2-3-Regel"

Um die Erfüllung Ihrer Anweisung zu forcieren, wenden Sie die sogenannte 1-2-3-Regel an. Ihr Kind soll etwas Bestimmtes tun und kennt die Konsequenzen, wenn es nicht bei „drei" der Anweisung gefolgt ist.

Ihr Kind hat nun, während Sie bis drei zählen, Zeit, Ihre Anweisung zu erfüllen.

Hiermit hat Ihre Aufforderung eine Signalwirkung für Ihr Kind und vereinfacht ihm die Erfüllung.

Verhalten gegenüber Älteren

Ihnen ist es bestimmt wichtig, dass Ihr Kind sich respektvoll Älteren gegenüber verhält. Deshalb sollten Sie als Eltern erst einmal für sich klären, welches Verhalten Sie sich von Ihrem Kind wünschen. Verhaltensregeln gegenüber Älteren können sein:

- Höflich und respektvoll sein
- die Hand geben
- älteren Menschen Hilfe anbieten
- Danke und Bitte sagen

Wenn Sie mit Ihrem Partner besprochen und gemeinsam beschlossen haben, was Sie sich wünschen, sollten Sie Ihrem Kind die Verhaltenswünsche altersgerecht erklären. Nicht nach dem Motto „Das ist eben so!", sondern erläutern Sie die Regeln und warum Sie diese aufstellen, z. B.: „Wir möchten, dass du höflich bist, da es andere traurig macht oder verletzen könnte, wenn du unhöflich bist. Wie würdest du dich denn fühlen, wenn jemand unhöflich zu dir wäre?".

Mein Kind läuft mir immer weg

Es ist soweit, Ihr Kind kann krabbeln und lernt laufen. Jetzt beginnt die Phase, in der Sie viel Zeit mit der gewissenhaften Beaufsichtigung Ihres Kindes verbringen werden, da es nun die Umgebung erkunden will.

Es gibt ältere Kleinkinder, die sich aus dem erlaubten Bereich entfernen, sobald sie unbeobachtet sind. Sie verstecken sich, gehen in die falsche Richtung oder rennen vor.

Sie kennen bestimmt einige der nachfolgenden typischen Weglaufsituationen. Es kann z. B. beim Spielen im Garten, beim Spazierengehen oder beim Einkaufen passieren: Gerade war Ihr Kind noch da und Sie haben sich doch „nur" umgedreht – und schon ist es weg.

Leider kann Ihr Kind in diesem Alter noch nicht beurteilen, ob es sich in Gefahr befindet. Sie machen sich daher berechtigt Sorgen.

Sie als Eltern müssen jederzeit prompt und bestimmt agieren. Beeinflussen Sie Ihr Kind so, dass es lieber bei Ihnen bleibt, als woanders hinzulaufen.

So bringen Sie Ihrem Kind bei, in Ihrer Nähe zu bleiben

- Ihr Kind muss lernen, dass es bei Ihnen bzw. in Ihrer Nähe bleibt. Geben Sie ihm die Gelegenheit zu üben, indem Sie anfangs nur kurze Spaziergänge von ca. fünf Minuten unternehmen. Nehmen Sie Ihr Kind auch dann weiter mit, wenn Sie Erfahrung mit dem Weglaufen gemacht haben. Üben Sie erst nur an ungefährlichen Plätzen.
- Sagen Sie Ihrem Kind, wohin Sie mit ihm gehen wollen und was Sie von ihm wünschen: „Wir gehen kurz zum Bäcker und kaufen Brot. Vergiss nicht, dass du auf dem Weg in meiner Nähe bleibst und machst, was ich dir sage." So kann sich Ihr Kind auf den Spaziergang vorbereiten.

- Ihr Kind darf sich beim Spaziergang nicht langweilen. Zeigen Sie ihm Vögel, Bäume, Straßenschilder, Trecker oder andere spannende Dinge, an denen Sie vorbeikommen. Bleibt Ihr Kind in Ihrer Nähe, loben Sie es. Wichtig ist, dass Sie es loben, bevor es eine Gelegenheit zum Weglaufen sieht.

- Sobald Ihr Kind nur den Ansatz zeigt, sich aus Ihrer Nähe zu entfernen, sagen Sie ihm, was es tun soll: „Michael, bleib stehen. Du bist viel zu weit weg. Komm bitte zurück." Hört Ihr Kind auf Sie und kommt an Ihre Seite zurück, dann loben Sie es und sagen Sie z. B.: „Prima, dass du zu mir gekommen bist, als ich es dir gerade gesagt habe." Kommt Ihr Kind nicht direkt zurück oder läuft es, nachdem es bei Ihnen war, wieder weg, handeln Sie schnell und halten Sie es direkt fest.

- Geben Sie ihm eine klare Anweisung und lassen Sie eine Konsequenz folgen: „Michael, du bist nicht bei mir geblieben, daher bleibst du jetzt bis zur nächsten Kreuzung an meiner Hand." Schenken Sie dem Widerspruch oder Meckern keine Beachtung.

- Ihre Entscheidung wird kein Diskussionsthema sein und darf keinen Streit auslösen.

- Halten Sie die Hand Ihres Kindes die Hälfte der Strecke ganz fest, danach erleichtern Sie ein wenig den Halt und lassen Ihr Kind ab der Kreuzung wieder allein gehen. Wenden Sie diese Methode nur ein einziges Mal pro Spaziergang an. Vergessen Sie nicht, Ihr Kind zu loben, wenn es nun bei Ihnen bleibt.

Sobald Ihr Kind bei kurzen Spaziergängen bei Ihnen bzw. in Ihrer Nähe bleibt, üben Sie auch längere Distanzen. Klappt auch das, lassen Sie Ihr Kind auch mit anderen Personen, z. B. den Großeltern, üben.

Geht Ihr Kind ohne wegzulaufen mit Ihnen spazieren, dann brauchen Sie Ihr Kind nicht mehr jedes Mal zu loben. Loben Sie es nur noch ab und an dafür, dass es in Ihrer Nähe geblieben ist.

Sich wehren

Sie möchten bestimmt nicht, dass Ihr Kind grundlos haut, ärgert, spuckt oder Ähnliches. Deswegen erziehen Sie es bestimmt auch in diesem Sinne. Diese Art der Erziehung ist lobenswert und richtig. Trotzdem kommt es zwischen Kindern immer wieder zu Konflikten. Manchmal sind es nur verbale Auseinandersetzungen, aber häufig werden Kinder handgreiflich, weil sie Probleme ihrem Alter entsprechend oft einfach noch nicht lösen können.

Wenn Ihr Kind gut erzogen ist und weiß, dass körperliche Auseinandersetzungen falsch sind, kann es vorkommen, dass es in Konflikten immer wieder den Kürzeren zieht. Freuen Sie sich erst mal darüber, dass es alles richtig macht und Ihren Rat befolgt und nicht handgreiflich wird!

Aber sicherlich wollen Sie nicht, dass Ihr Kind immer wieder eine Niederlage und vielleicht sogar noch Schläge einstecken muss.

Tipp 1: Erlauben Sie Ihrem Kind, sich zu wehren

Erklären Sie Ihrem Kind, dass es sich manchmal wehren muss, wenn andere es ärgern. Sagen Sie ihm, dass es gut ist, erst mal laut und bestimmt „Nein" oder „Lass das" zu sagen, wenn es geärgert wird. Hört das andere Kind nicht auf zu ärgern, darf Ihr Kind sich wehren. Es muss ja nicht unbedingt gleich zurückhauen, aber es sollte lernen, sich körperlich wehren zu können. Üben Sie solche Situation in Form von Rollenspielen. Tauschen Sie hierbei zwischendurch mit Ihrem Kind die Rollen. Sie werden merken, dass es Spaß an solchen „Spielchen" hat, und wahrscheinlich wird es ihm dabei helfen, sich in Auseinandersetzungen zu verteidigen. Wichtig: Betonen Sie, dass das immer nur „Notlösungen" sind, um sich zu verteidigen und zu schützen.

Tipp 2: Mein Kind, das Opfer

Wenn Sie den Eindruck haben, dass Ihr Kind immer wieder Opfer eines bestimmten Kindes oder einer Gruppe wird, dann scheuen Sie sich nicht, umgehend die Erzieherin, Lehrerin oder die Eltern des Kindes anzusprechen. Nicht alle Konflikte können und sollen Kinder selber lösen.

Wutmonster

Kennen Sie das, dass Ihr Kind ohne ersichtlichen Grund total neben der Spur ist? Es ist wütend, nur am Schimpfen und gegen alles und jeden. Ihr Kind hat total schlechte Laune und weint ohne Grund. Dann hat wahrscheinlich das Wutmonster Ihr Kind gerade in Beschlag genommen!

Das Wutmonster kommt ohne Vorankündigung und ganz plötzlich und meist verschwindet es genauso schnell wieder. Aber in der Zwischenzeit sorgt das Wutmonster bei Ihrem Kind für ein totales Wechselbad der Gefühle.

Das können Sie gegen das Wutmonster tun

Sagen Sie Ihrem Kind, dass auch Sie ab und an ganz ohne Grund eine dolle Wut im Bauch haben und dass das ganz normal ist. Geben Sie Ihrem Kind das Gefühl, es zu verstehen und ernst zu nehmen. Überlegen Sie gemeinsam Strategien, um das Wutmonster loszuwerden oder herauszufinden, was das Wutmonster gar nicht mag. Ein Wutmonster mag bestimmt keine lachenden Menschen, also kitzeln Sie Ihr Kind mal ordentlich durch. Vielleicht hilft es, das Wutmonster mal richtig laut anzuschreien, damit es versteht, dass es verschwinden soll. Und wenn das Wutmonster richtig hartnäckig ist, hilft es Kindern, wenn sie ganz fest auf ein Kissen einschlagen können. Da können sie ihrer Wut mal richtig Luft machen, ohne jemand anderen zu verletzen.